Souvenirs Inoubliables

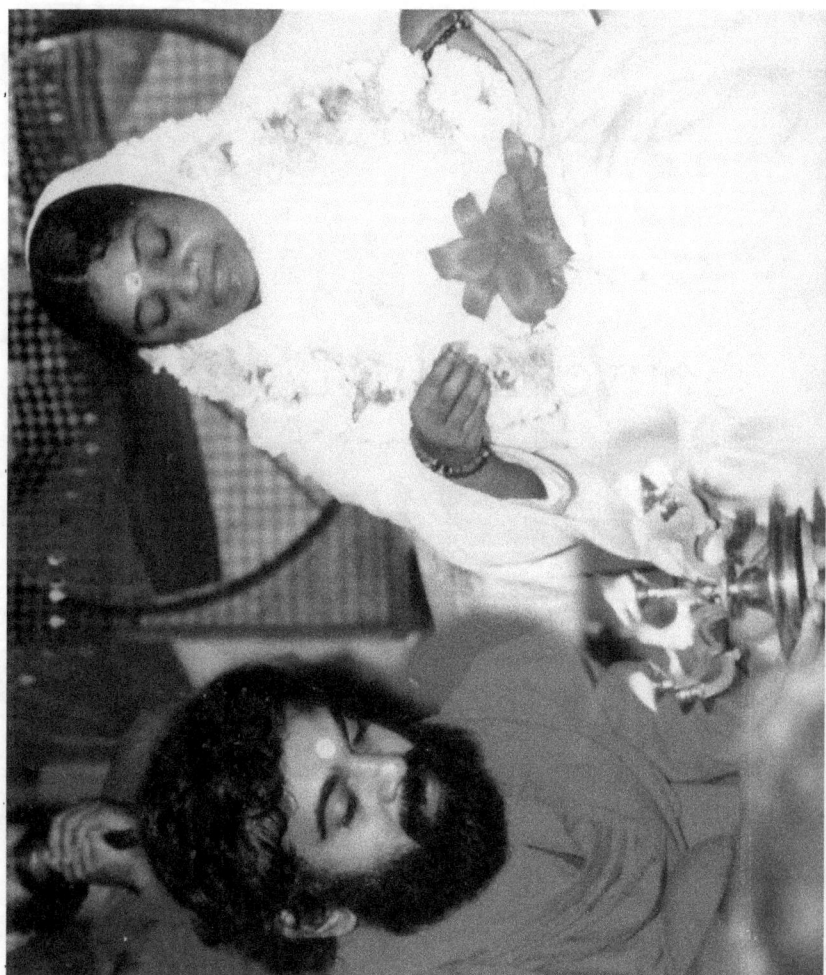

Souvenirs Inoubliables

Swami Purnamritananda Puri

Mata Amritanandamayi Center, San Ramon
Californie, États-Unis

Souvenirs Inoubliables
Par Swami Purnamritananda

Publié par :
Mata Amritanandamayi Center
P.O. Box 613
San Ramon, CA 94583
États-Unis

——————— *Unforgettable Memories(French)* ———————

Première édition par le Centre MA : septembre 2016

En France :
Ferme du Plessis
28190 Pontgouin
www.ammafrance.org

En Inde :
www.amritapuri.org
inform@amritapuri.org

Dédicace

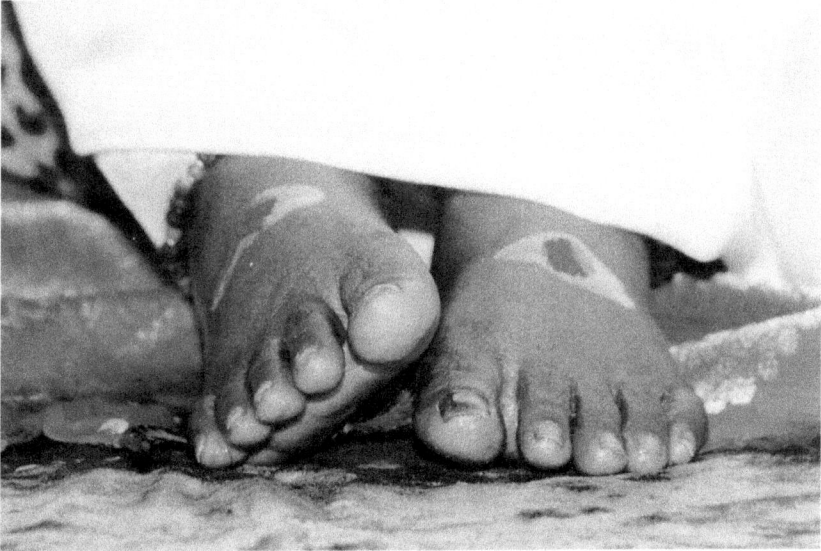

J'offre humblement ce livre aux pieds sacrés de mon satguru,
Sri Mata Amritanandamayi.

Table des matières

	Préface	8
1.	Dans les bras d'Amma	10
2.	Le temple de Dévi à Vettikulangara	16
3.	La soif de l'âme	22
4.	Pouvoirs surnaturels	30
5.	La tonnelle du cœur	40
6.	Le soleil de la connaissance	46
7.	Amoureux de la nature	54
8.	Mises à l'épreuve de Dieu	62
9.	La douceur de la mort	70
10.	C'est tous les jours Onam !	74
11.	Message du soleil levant	78
12.	Leçons d'oubli de soi	84
13.	Le cœur d'un athée se transforme	90
14.	Cadeau d'anniversaire	96
15.	Mort d'une sentinelle	100
16.	Le bourdonnement d'une mélodie	106
17.	Vision de la Beauté Divine	116

18.	Sur le terrain de manœuvres d'Amma	122
19.	Upavasa	126
20.	Pèlerinage à Arunachala	130
21.	Simplicité et sagesse	142
22.	Manifestations du Divin	148
23.	A Mumbai	158
24.	L'ère de la machine	174
25.	De retour auprès d'Amma	180
26.	Les bhavas divins sont en nous	186
27.	Annapurneshwari	192
28.	Bêtises de disciple	202
29.	Merveilles de l'amour divin	214
30.	Éveillez-vous mes enfants !	226
	Glossaire	233

Préface

Les grands *gurus* réveillent l'arbre colossal qui dort à l'intérieur de minuscules graines. Amma transforme des pierres rugueuses et tranchantes en diamants rutilants. Au fond du cœur de chacun, un petit bébé pleure et appelle sa mère à grands cris :

« Maman ! Maman ! ». Au contact d'Amma, notre innocence d'enfant se réveille.

On peut trouver mille significations différentes à chacune des paroles d'un mahatma (grande âme). Des silences, des regards, des sourires accompagnent ses paroles et chacun d'eux est enveloppé de mille pétales dont l'éclosion réveille une multitude de souvenirs….inoubliables, vivifiants et éternels.

L'époque actuelle s'avère insupportable même pour Mère Nature, pourtant habituée à tout endurer avec patience. Nous assistons à des horreurs comme le déferlement d'un tsunami ou le tourbillon d'une tornade. L'intellectuel frémit de peur en voyant le cauchemar qui nous attend. Amma est le baiser apaisant sur le front, la caresse réconfortante, le flot d'amour, qui viennent calmer nos cœurs enfiévrés.

A l'aide d'un télescope, l'homme est capable d'apercevoir des trous noirs distants de mille années-lumière mais il n'arrive pas à voir ceux qui se trouvent à l'intérieur de lui-même. Amma est la lumière qui illumine ces cavernes obscures.

Les contraintes de temps et d'espace ne gênent pas Amma. En tant que Mère de l'Univers, elle sait que les souffrances de l'âme sont partout et toujours les mêmes. En sa présence, les cœurs brisés par les épreuves ou les conditionnements du passé retrouvent la paix et deviennent aussi vastes que l'univers. L'individu cosmique voit alors le jour.

Amma m'a conduit de l'épaisse jungle de l'intellect jusqu'à la tonnelle ombragée du cœur. Les souvenirs de cette aventure constituent la trame des histoires suivantes. Ces dernières parlent d'une alchimie capable de tout transmuer en or, même les déchets. Ce livre contient des paraboles mémorables sur la manière dont Amma, en tant que *satguru*, transmet au disciple des secrets qu'aucune philosophie ne peut expliquer.

Quelques précisions de vocabulaire :

Selon la convention habituellement admise, l'auteur utilise dans ce livre le pronom masculin à propos de Dieu pour éviter la lourdeur de formules telles que Il/Elle. Il va sans dire que le Suprême transcende la différence de genres.

Dans le texte anglais, l'auteur utilise le féminin à propos du *guru* en hommage à Amma qui est une femme. Cependant, le mot *guru* étant masculin dans notre langue, il est impossible de faire de même dans la traduction française.

Les mots indiens qui apparaissent dans le texte sont expliqués dans le glossaire.

Dans les bras
d'Amma

1

Ô Déesse de l'Univers, ai-je le droit d'écrire ? Comment écrire ? Comment cette plume peut-elle décider d'écrire ? Comment aborder par écrit des sujets que la parole elle-même est impuissante à exprimer ?

Je n'ai jamais pensé que tu me présenterais la réalité aussi clairement. Pas un seul instant, je ne me l'étais imaginée ainsi. Ces secrets de la vie échappent au pouvoir de l'imagination ! Je n'arrive pas à comprendre comment j'ai pu mériter ce cadeau. A quoi l'attribuer, sinon à ta grâce toute puissante ?

Jupiter a déjà effectué deux révolutions entières depuis que tu as effacé tous mes préjugés et que tu es entrée dans mon cœur. Tout cela me semble incroyable, comme un rêve. Je n'ai jamais réussi à comprendre complètement ta grandeur. Si un satellite lancé dans l'espace et mis en orbite autour d'une planète est incapable de la comprendre, comment l'ego pourrait-il appréhender sans s'effacer les spectacles infinis qui l'entourent ? Satellite humain attiré par l'étoile Amma, j'ignorais sa formidable ampleur.

Il m'a fallu bien longtemps avant de prendre conscience que celle que je considérais comme ma mère, et que je voulais pour moi seul, était la mère de tous ! Aujourd'hui, je sais que ses bras sont aussi vastes que le cosmos. Le savant qui commence à étudier une planète n'en revient pas quand il découvre des milliers d'étoiles dans l'objectif du télescope.

Amma n'est pas un phénomène qu'on peut comprendre à l'échelle d'une vie humaine. mais une malle aux trésors qui renferme une infinité de secrets qu'on ne peut découvrir quand bien même on y consacrerait des vies entières. Elle est la pureté que le mental ne peut connaître ni l'intellect comprendre.

Dans le monde actuel, de nombreux intellectuels font semblant de ne pas voir ce qui est visible à l'œil nu. Ils sont bien à plaindre car ils ne voient pas ce qu'ils devraient voir. Nettoyons la saleté qui encrasse le miroir de notre mental ; celui-ci sert à refléter le monde tel qu'il est. Si l'image reflétée est déformée, n'incriminons pas systématiquement l'objet reflété, c'est peut-être le miroir qui est défectueux. C'est à cause des défauts du miroir mental que nous avons perdu la vision de l'Unité.

Mon miroir mental était, lui aussi, défectueux quand j'ai rencontré Amma pour la première fois, il y a de nombreuses années. Elle en a fait fondre les différents éclats dans le brasier de son amour. Après en avoir éliminé les impuretés, elle l'a refaçonné en lui enseignant l'Unité. Amma, pour donner au rocher rugueux du mental le poli et la douceur des galets roulés par la mer, tu n'utilises que la consolation de tes caresses et le flot incessant de ta compassion. Tes outils ne sont jamais rougis au feu de la colère. Comment peut-on affirmer que tu n'es pas Dieu ? Quelles bonnes actions ai-je bien pu accomplir dans une vie précédente pour mériter tant de grâce?

Je n'aurais jamais imaginé que la vie puisse être aussi belle. Je n'aurais jamais pensé que l'amour de Dieu débordait au-delà de toute limite. Avant de rencontrer Amma, j'avais une certaine conception de l'existence. Il y a souvent un fossé entre les idées qu'on se fait et la réalité, comment le nier ? Le défi qu'Amma m'a lancé de tout accepter comme le *prasad* du Seigneur m'a donné force et confiance en moi.

Amma m'a rappelé qu'il y a dans le monde des milliers de personnes qui souffrent. Les expériences que j'ai vécues auprès d'Amma pendant les premiers temps ont été un entraînement nécessaire pour que mon cœur arrive à comprendre la douleur d'autrui et que mon mental fonde en écoutant son chagrin.

Un jour que j'étais allongé sous la véranda devant le *kalari*[1], après un *bhava darshan*, je me suis dit : « Ô mon Dieu, fais que cela au moins soit vrai ! J'ai cherché Dieu dans tellement d'endroits ! Combien de preuves n'ai-je pas élaborées pour réfuter l'existence de Dieu ? Combien de temps peut-on prétendre ignorer les atrocités commises au nom de Dieu ? A notre époque, le simple mot de « Dieu » fait naître le doute. Les religieux cherchent à promouvoir leur religion en exploitant la foi des fidèles. »

C'est mon oncle qui m'a emmené voir Amma. Il a eu bien du mal à me ramener avec lui. Ma famille m'avait envoyé à l'ashram à cause d'une soudaine dépigmentation des lèvres qui passait pour un présage annonciateur d'une morsure de serpent. C'est cela qui m'a conduit vers Amma mais c'est de l'attachement au monde qu'elle m'a guéri. En quelques semaines, mes lèvres ont progressivement repris leur couleur.

Comment un être humain peut-il devenir Dieu ? Dieu a-t-il un corps ? Est-ce que tout ce en quoi nous croyons est vrai ? L'observateur en moi ignorait les doutes de mon mental et savourait le souvenir délicieux de l'amour et de la compassion d'Amma.

Mon *purvashram*[2] se trouvait à côté d'une vaste rizière, à une vingtaine de kilomètres de Vallickavu. Souvent je m'asseyais sous l'*ilanji* pour contempler les champs de riz. C'est là, qu'enfant, je faisais voler mon cerf volant. Je parcourais à pied de longues

---

[1] Le temple familial dans lequel Amma donnait le *darshan*.
[2] Littéralement: ashram précédent. Les personnes qui embrassent la voie monastique coupent tous les liens avec leur vie passée et ils appellent leur maison familiale "purvashram". « Purvashram mother » signifie mère biologique, par opposition à la mère spirituelle.

distances le long des talus des rizières pour le plaisir d'admirer la beauté des épis de riz qui ondulaient dans la brise. Quand je prenais mon vélo pour explorer ces paysages pittoresques et magnifiques, il m'arrivait souvent de glisser et de tomber du talus. Après m'être relevé, les vêtements tout sales, je me demandais toujours si quelqu'un m'avait remarqué.

Mais depuis que j'ai rencontré Amma, j'ai complètement changé d'attitude. Dans la goutte de pluie ou de rosée je commence à voir clairement un reflet de *Jagadishvari*, la déesse de l'univers. Même étalé de tout mon long dans de l'eau sale, j'ai encore le sentiment que je suis dans les bras de *Jagadisvari*. Comment se fait-il que les premières leçons de dévotion soient si plaisantes ? D'où vient la compassion que j'éprouve pour la souris qui s'empare furtivement d'un épi de riz ? Mes doigts répugnent à cueillir des fleurs même pour les offrandes rituelles à Dieu. Ma grand-mère protestait quand elle me voyait faire des guirlandes avec des fleurs de l'*ilanji* que je ramassais par terre. « Mon chéri, comment peux-tu offrir à Dieu des fleurs tombées sur le sol ? Il faut faire les guirlandes avec des fleurs cueillies sur l'arbre. »

L'impression que je devais demander pardon aux plantes pour la souffrance que je leur infligeais en les cueillant est devenue encore plus forte. J'assistais médusé à l'éclosion de chacun des *sankalpas* d'Amma qui me prouvait qu'elle me bénissait.

Que serait la beauté de la lune sans le soleil ? Ce qui donne vie et lumière au monde, ce qui l'orne de couleurs, ce sont tes mains invisibles, n'est-ce pas ? Tandis que j'enfilais des fleurs pour en faire une guirlande dans la salle de *pouja*, j'ai commencé à me rendre compte que le dessin chatoyant de la déité était bien davantage qu'une image. Même dans les endroits dépourvus d'images pieuses, je commençais à ressentir la compassion de la conscience invisible.

A une époque, je croyais que la force venait de l'intellect. Je croyais que la science était capable de conquérir l'univers. L'idée qu'elle était à l'origine de tout progrès a commencé à s'estomper. Dans mon enfance, j'ai un jour accompagné ma mère biologique dans un temple de Dévi pour une prière particulière. A cette époque, je croyais que les divinités sculptées sur les pierres étaient vivantes. Ce jour-là, j'ai grimpé sur les genoux de la statue de Devi et j'ai fait semblant de boire son lait, sans prêter attention à l'attroupement qui s'était formé autour de moi. Pendant toute la période de mon enfance, je ne me suis pas rendu compte que ce n'était qu'une idole. Les enfants ont l'innocence nécessaire pour céder au ravissement de l'âme et connaître la béatitude qui est le sommet de l'imagination.

Cependant, l'enseignement moderne m'a fait énormément changer. Je me suis mis à douter de l'existence de Dieu. Je me suis demandé si j'avais vraiment besoin de son aide.

J'ai commencé à être fier de mes compétences personnelles. L'école est devenue une arène où l'on détruit l'innocence enfantine. L'innocence, la simplicité et l'intrépidité sont la marque de l'omniscience. L'image magnifique d'Amma, rayonnante de tous les signes de l'omniscience, s'est imposée de plus en plus clairement à mon esprit.

Le temple de Dévi
à Vettikulangara

2

Près de ma maison familiale se trouvait le temple de Katyayani de Vettikulangara. Enfant, après l'école, je courais jusqu'au temple. Savez-vous pourquoi faire ? Pour jouer dans l'enceinte du temple.

Là-bas, on pouvait tomber autant de fois qu'on voulait sans jamais se faire mal. Je ne savais pas encore que ce sable blanc aussi était le corps d'Amma. Quand j'étais fatigué de jouer, j'allais m'asseoir sous le banyan du temple. Je regardais alors les statuettes qui s'y trouvaient. Les gens vénéraient les divinités qu'abritaient les différents autels du temple sans comprendre la signification de ces images divines. Pourtant ils manifestaient beaucoup de foi dans leurs rituels.

Ma grand-mère me racontait des histoires de personnes qui avaient eu des visions de Devi dans ce même temple. « *Devi ne laisserait même pas un ivrogne pénétrer dans le temple sans le lui faire payer.* » Chaque fois qu'elle prononçait cette phrase, son visage changeait d'expression. Je me rappelle maintenant avec étonnement que la divinité vénérée dans le temple a la même étoile de naissance qu'Amma, à savoir Karthika. Certaines expériences m'ont apporté la preuve qu'il ne s'agit pas d'une simple coïncidence. Amma devait avoir une idée derrière la tête en me faisant fréquenter ce temple dans l'enfance.

Les temples permettent aux gens ordinaires de faire aisément l'expérience du divin. « Bien que le vent souffle partout, dit Amma, on le sent davantage sous un arbre. De même, c'est à proximité du ventilateur qu'il fait le plus frais. » Bien que Dieu soit omniprésent, on ressent plus clairement la présence divine quand on se trouve dans un temple ou à côté d'un mahatma. Les êtres spirituellement éveillés peuvent même imprégner des pierres de *prana shakti*, (énergie vitale), et les remplir de conscience divine.

Quand une pierre s'abandonne complètement aux mains d'un sculpteur, elle se transforme en idole. Sa place est dorénavant dans le sanctuaire et non plus parmi des marches d'escalier. La pierre qui a supporté en silence les coups et les insultes de tous ceux qui empruntaient l'escalier devient, entre les mains expertes d'un sculpteur, une idole capable d'apporter la paix à des milliers de gens.

Les temples dans lesquels les mahatmas ont installé des statues de divinités chargées de leur *prana shakti* deviennent des lieux sacrés de pèlerinage. Si une pierre, considérée comme inanimée, peut acquérir la force de donner la paix à des centaines de milliers de personnes, pourquoi les êtres humains ne peuvent-ils pas en faire autant ?

C'est leur ego et leur égoïsme qui les en empêchent, dit Amma.

Au simple contact d'Amma, des milliers de personnes, semblables à des pierres, se sont métamorphosées en travailleurs bénévoles habiles et désintéressés ! Ahalya, qui avait été métamorphosée en pierre s'est transformée en belle jeune femme au contact des pieds du Seigneur Rama[1]. Nous avons assisté à de multiples prodiges analogues, tous dus au flot d'amour qui éveille la beauté de l'âme.

---

[1] Référence à une scène du Ramayana qui décrit comment Ahalya fut transformée en pierre après que son mari l'eut maudite pour son infidélité. Le dieu Rama la sauva de cette malédiction en posant le pied sur la pierre.

J'ai commencé à perdre la foi en Dieu pendant mes années d'université. En étudiant les merveilles de la nature, j'ai oublié la force qui les sous-tend. Les scientifiques s'efforcent de connaître l'univers. Ils ne se demandent pas *pourquoi* le monde existe. La spiritualité nous apprend à réfléchir à ces questions : « Pourquoi le monde ? Pourquoi la vie ? » Un monde qui obéit à certaines lois ne peut certes pas être dépourvu de sens. Ce monde est le chemin qui conduit l'humanité vers la plénitude.

Toutes les expériences que nous faisons en ce monde nous préparent à atteindre ce but ultime. Pour ceux qui arrivent à voir l'univers comme un centre d'apprentissage, le monde est un lieu d'expériences divines.

Pour reprendre les termes d'Amma, nous sommes sur terre pour pique-niquer. Si nous attachons trop d'importance à ce monde, nous aurons à souffrir. Ceux qui chérissent les biens matériels seront anéantis s'ils viennent à perdre ce à quoi ils tiennent. Nous devons être capables de vivre en restant conscients que tout, en ce monde, est périssable. Pour gravir une à une les marches de l'escalier qui conduit à la plénitude, il faut bien quitter celles du bas. De la même façon, nous perdrons peut-être tout ce que nous avons acquis auparavant.

Amma a découvert le secret qui permet de sauver l'humanité de la souffrance de l'existence. Le prince Siddhartha fit la même découverte quand il devint Bouddha. Quel est ce secret ? C'est que la souffrance n'existe pas en ce monde ! Si le monde n'existe pas, comment la souffrance peut-elle être réelle?

Toutes les expériences dues à ce monde illusoire sont irréelles. Seul l'expérimentateur est réel. La seule réalité, c'est le Soi, qui est témoin de toute chose.

Le monde du rêve est réel pour celui qui est en train de rêver. Il n'y a qu'une seule façon d'aider un homme qui pleure à cause d'un cauchemar, c'est de le réveiller. Le monde du rêve devient irréel dès que le rêveur se réveille. Seule une personne éveillée peut en réveiller une autre.

Nous souffrons parce que nous sommes ensorcelés par le monde du rêve et Amma est venue nous éveiller. Elle est entrée dans nos rêves pour partager nos malheurs et tenter de nous sortir de notre assoupissement. Mais nous sommes toujours plongés dans notre délicieux sommeil. Nous ne nous en lassons pas. Les plaisirs ne nous donnent jamais une satisfaction totale même si nous les apprécions beaucoup. C'est donc que, par le passé, nous avons fait l'expérience d'une joie plus grande.

Quand un bébé pleure, sa maman lui met une tétine dans la bouche. Il s'arrête alors de pleurer pour un certain temps. S'il recommence à crier, la mère remplit un biberon de lait et le lui met dans la main. Quelque temps après, l'enfant se remet à hurler et ne veut ni biberon ni jouets. Cette fois, la mère s'arrête de travailler, elle installe l'enfant sur ses genoux et lui donne le sein. Les pleurs du bébé cessent alors instantanément.

Si c'était la faim qui faisait crier l'enfant, le biberon aurait suffi à le calmer. Mais le biberon ne peut pas lui donner la chaleur du sein maternel ni l'affection de sa mère. Un bébé qui a connu la douceur de la tétée et le bonheur des tendres câlins de sa maman ne se satisfera jamais d'un biberon de lait.

De la même façon, comparés à la béatitude de *Brahman* dont nous jouissions lorsque nous ne faisions qu'un avec Dieu, les plaisirs matériels ne représentent rien. Et c'est justement pour cela que ces plaisirs sont devenus la cause de notre mécontentement. Hormis l'expérience de Dieu, rien ne peut nous donner satisfaction parce que nous avons déjà goûté à cette plénitude.

Le désir de jouir des plaisirs du monde ajoute à notre sentiment d'incomplétude. C'est pour nous faire comprendre que personne n'est incomplet qu'Amma est venue parmi nous.

La soif de l'âme

3

On entend partout les pleurs des *jivatmas* (âmes indivi-
duelles) qui cherchent désespérément à s'unir au *Paramatma* (le Soi suprême). En contemplant le coucher du
soleil on peut comprendre ce qu'est la douleur de la séparation. Si
l'on est attentif, on perçoit dans la nature cette angoisse partout
sous-jacente.

Tout objet de l'univers est en prière. Seul l'être humain vit
sous l'emprise de ses désirs égoïstes. Tout le monde est en quête
de Dieu, l'incarnation même de la béatitude. En dépit de tous les
biens qu'ils acquièrent, les gens ne jouissent d'aucun bonheur et
continuent donc à chercher quelque chose d'autre.

Amma, ce divin nectar, est venue secourir les *jivatmas* qui
ont perdu le contact avec leur félicité originelle et leur donner la
force de sortir du *samsara,* le cycle des morts et des renaissances,
qui les piège dans les mailles de l'illusion. La plupart des gens
se complaisent cependant dans les plaisirs futiles. Il me semble
qu'Amma nous ramène au temps de notre enfance, quand nous
nous plaisions à imaginer des chevaux et des éléphants dans les
nuages !

Nous ne prêtons aucune attention aux merveilles qui nous
entourent. Il y en a pourtant tellement dans la nature ! Quand
on contemple les millions d'étoiles dans le ciel infini, l'édifice
gigantesque de notre ego ne peut que s'effondrer.

Quand, au bord de la mer, on regarde l'horizon où se confondent l'eau et le ciel, dans un admirable déploiement de couleurs, et qu'on pense à la profondeur de l'océan, l'ego ne peut que rétrécir. Devant une haute montagne, l'homme se trouve bien petit. De la même manière, devant un *mahatma*, on se sent réduit à néant. La montagne enneigée de l'ego fond en larmes et se transforme en fleuve de dévotion qui nettoie le mental de ses impuretés. Il est possible de devenir rien devant Amma. En devenant rien, il est possible d'être tout. Amma nous rend aussi innocents que le bébé qui vient de naître. Contrairement à l'enseignement moderne qui ne fait que bourrer l'ego de connaissances, l'attitude de lâcher prise purifie le cœur et le rend semblable à la flûte d'or de Krishna. La meilleure façon d'accomplir notre existence consiste peut-être à devenir cette flûte et à jouer pour l'éternité la divine mélodie.

Il faut cesser de s'interroger. Doit-on quand même aller à l'université et poursuivre des études quand on connaît les dangers de l'éducation moderne ? Quand j'ai posé la question à Amma, elle m'a répondu : « Fils, tout est divin. Il suffit de ne pas laisser le savoir devenir une source d'égoisme. Le matérialisme et la spiritualité ne sont pas deux choses séparées. Ce qui compte le plus, c'est notre attitude. Notre corps, notre mental et notre intellect ne sont que des instruments. Nous devons apprendre à nous en servir judicieusement. Ainsi, si nous faisons par la suite l'acquisition de connaissances, cela ne nous rendra pas égoïstes. Même sur le plan matériel, des personnes ayant réussi à faire l'expérience des pouvoirs de Dieu ont vu leur vie transformée. »

Là où est la connaissance suprême, l'ego ne peut pas exister. L'ego est mal informé. Les critères de l'omniscience sont la simplicité et l'humilité. Nous voyons ces qualités divines se manifester en permanence chez Amma.

Le connaisseur, la connaissance et l'objet connu ne font plus qu'un. Tout comme un homme qui réalise en s'éveillant que le monde du rêve n'a d'existence qu'à l'intérieur de lui, nous changeons de façon de voir quand nous comprenons que c'est nous qui créons l'apparence de l'univers.

La simple présence d'un *mahatma* comme Amma est si puissante qu'elle provoque d'incroyables transformations intérieures. Rien de ce qui arrive dans la vie n'est une coïncidence. Il est dit que chaque événement a sa raison d'être. Dès que j'ai vu Amma, j'ai ressenti le lien qui, depuis plusieurs vies, m'unissait à elle. Ceci montre qu'il y a beaucoup de facteurs inconnus.

Je me rappelle un épisode que j'ai vécu à l'âge d'un an. Il est rare de se rappeler des choses qui ont eu lieu avant l'âge de deux ans. Mais cet événement étrange s'est gravé de manière indélébile dans ma mémoire. Il est aussi clair que s'il datait d'hier.

J'étais dans mon berceau et ma mère me berçait pour essayer de m'endormir. Dès que je me suis endormi, elle est allée dans la cuisine. En fait, je ne dormais pas et j'ai ouvert les yeux tandis qu'elle s'éloignait. Ne la voyant plus, j'ai regardé entre les barreaux du lit et j'ai vu une femme se diriger vers moi. Elle était toute vêtue de blanc, parée de bijoux et tout son corps resplendissait. Elle s'est approchée du lit et elle a commencé à me caresser doucement, m'inondant d'amour. Effrayé de voir une personne inconnue, je me suis mis à crier. Ma mère m'a entendu de la cuisine et a accouru. Elle m'a trouvé inconscient et elle m'a aspergé d'eau pour me ranimer.

Un petit peu plus tard, j'ai ouvert les yeux. Le même phénomène s'est reproduit tous les jours. J'ai été examiné par de nombreux médecins mais aucun d'eux n'a réussi à diagnostiquer la cause de mes évanouissements. Mon père a fini par aller voir un astrologue. Celui-ci a obtenu des éléments de réponse grâce à des coquillages divinatoires. Il a expliqué à mon père que j'étais en présence d'un être divin et que ce phénomène était favorable. Il l'a assuré qu'il n'y avait nul besoin de rituels expiatoires. Il lui a conseillé de me faire porter un bracelet d'argent qui avait été consacré au temple d'Ettumaanur pour me protéger de cette peur. Dès que j'ai porté ce bracelet au bras, les divines visitations ont cessé.

J'ai revu cette apparition à l'âge de quatorze ans. A cette époque, j'étais lycéen. Depuis le retour de ces visitations, je restais allongé pendant des heures, ayant perdu tout contrôle de mon corps, et je faisais chacune des expériences que l'on fait à l'heure de la mort. Avec le temps, ces expériences divines qui me dévoilaient des sphères inconnues de l'existence me sont devenues naturelles.

Ces expériences m'ont inspiré le désir de chercher Dieu. Ces divines visitations m'ont poussé à étudier avec enthousiasme les pouvoirs surnaturels et ont contribué à intensifier mon désir d'en savoir davantage sur les secrets de la vie au-delà du visible et de l'audible.

C'est ainsi que mes recherches m'ont conduit en la sainte présence d'Amma, la Déesse de l'Univers. Quand j'ai été imprégné de l'amour divin d'Amma, le poseur de questions en moi a disparu.

C'est lorsque je faisais mes études d'ingénieur que j'ai eu l'occasion d'approfondir le sujet des pouvoirs surnaturels. En compagnie d'amis rationalistes, je me suis rendu dans plusieurs endroits censés héberger des fantômes et des goules, soit des maisons hantées, soit des résidences de soi-disant saints qui se réclamaient de la puissance divine. J'ai fait tout ce que j'ai pu pour découvrir la vérité par moi-même.

Ce que j'ai compris, c'est que les esprits et les fantômes n'étaient pas aussi dangereux que les êtres humains ! On exploite partout la crédulité des gens.

Quand j'ai rencontré Amma, je n'ai pas manqué de lui poser toutes les questions que j'avais à l'esprit. C'est seulement plus tard qu'il m'est apparu que j'étais en train d'interroger une incarnation divine.

– Amma, il y a certains doutes que j'aimerais clarifier. Puis-je te poser des questions ? Ma demande a fait sourire Amma.

– Mais Amma ne sait rien du tout ! Pose ta question, fils. Amma va te répondre quelque bêtise.

– Amma, est-ce que Dieu existe ? Sa réponse n'a pas tardé :

– Quelle stupide question ! C'est comme demander si l'on a une langue alors qu'on s'en sert pour poser la question. Pourquoi cette question mon enfant ?

– Si Dieu existe, je suis tellement en colère contre lui que j'ai envie de le tuer ! Amma a éclaté d'un rire sonore et m'a demandé,

– Pourquoi donc, fils ?

– Il y a tant de gens qui souffrent de la pauvreté et de la maladie dans le monde, lui ai-je expliqué, alors que d'autres vivent dans le luxe. Chacune des créatures en ce monde est nourriture pour une autre. Je suis furieux contre le Dieu qui a créé cet univers cruel. Comme si elle était d'accord avec ma critique, Amma a répliqué :

– J'aime bien ta réponse mon enfant. Tu es en colère non pas pour des raisons égoïstes mais par compassion. Dieu se trouve dans le cœur de ceux qui éprouvent de la compassion pour autrui. Dieu ne punit pas, il protège tout le monde. C'est nous qui nous punissons nous-mêmes. Tous nos faits et gestes sont enregistrés dans la nature. Nous devrons en assumer les conséquences soit dans cette vie-ci, soit dans une autre. Si nous nous conduisons comme des animaux alors que nous avons reçu un corps humain, nous pourrons renaître en tant qu'animal ou être la proie d'un autre animal. On ne peut blâmer Dieu pour cela.

– Amma, es-tu Dieu ? Amma s'est mise à rire avant de répondre :

– Fils, Amma est folle. Si elle est toujours ici c'est que personne ne l'a encore jetée en prison. Amma ne te dit pas de croire en un dieu dans les cieux. Il te suffit de croire en toi. Toute chose est en toi. Comme l'arbre est latent dans la graine, l'énergie divine est présente dans tout l'univers. En éveillant cette énergie divine grâce à la prière, la méditation et les bonnes actions, on peut atteindre la Plénitude. On peut se fondre en Dieu et transcender ainsi la naissance et la mort. Le coffre qui contient les secrets de l'univers s'ouvre et permet de contempler Dieu en toutes les créatures, animées et inanimées. Quand on voit Dieu en tout, on devient pur amour et on sert le monde. C'est l'état suprême auquel peut prétendre l'être humain.

Amma a fermé lentement les yeux et j'ai contemplé sur son visage le ravissement de Brahman. En voyant la grandeur de Dieu qui se manifestait en Amma, j'ai cessé de poser des questions.

Les mahatmas s'incarnent pour apprendre au monde comment arriver à la plénitude. La vie d'Amma prouve que rien, pas même une naissance dans un environnement ou des circonstances difficiles, n'est un obstacle à la réalisation de Dieu.

Il était dorénavant clair pour moi que rien dans la vie n'est accidentel. Purifions notre mental et nous comprendrons le sens de chaque épisode de notre existence. La vie d'Amma a une raison d'être bien définie. Elle a dû se préparer à son objectif longtemps à l'avance. J'ai aussi commencé à comprendre qu'elle nous protégeait des griffes du *samsara* depuis un bon moment. S'est mise à grandir en moi l'impression qu'une nouvelle vie commençait. La suite de mon existence est un voyage de retour vers l'enfance. Mes larmes attestent que la divine présence d'Amma suffit à éveiller l'innocence perdue.

Pouvoirs surnaturels

4

Au-dessus de nous le ciel immense! Comme l'univers est fascinant avec toutes ses planètes et ses satellites qui tournent autour du feu des étoiles scintillantes !

Le ciel, la mer, les vallées, les montagnes, les oiseaux, les fleurs, les arbres composent des paysages pleins de couleur à la beauté enivrante. Qui est responsable de cette magie de la nature ? Comment toute cette beauté est-elle venue à l'existence ? Est-ce Dieu qui l'a créée ?

Les scientifiques qui s'efforcent de comprendre l'univers prennent conscience des limitations du mental et de l'intellect. Plus ils apprennent, plus ils réalisent la profondeur de leur ignorance. Pour les champions de l'intellect, incapables de dévoiler les secrets bien cachés de la création, c'est une défaite. Les *rishis* (sages) ne se sont jamais demandé ce qu'était l'univers, mais plutôt pourquoi il y avait un univers.

Dieu a créé l'univers pour que l'humanité puisse s'accomplir spirituellement. Cet univers est un trésor et les merveilles qu'il prodigue représentent une myriade d'expériences diverses adaptées à la différence de maturité et de compréhension des humains. C'est le mental humain qui fait le ciel et l'enfer. Chacun vit dans le monde qu'il se crée.

Tout est en perpétuel changement. Toutes les expériences sont irréelles, seul celui qui fait l'expérience est réel, et une fois qu'on le connaît tout le reste disparaît. On réalise alors la Vérité.

On s'éveille et on prend conscience que, suivant la formule des écritures : « *Brahma satyam, jagan mithya* », [seul Brahman est réel, le reste est illusoire]. Si Dieu nous a donné la vie c'est pour que nous puissions atteindre ce niveau de conscience.

Il n'y a rien à rejeter. Au contraire, nous devons ouvrir notre cœur pour tout embrasser. Amma nous montre comment faire : apprendre à ne voir que le bon. Par son *bhava* (attitude divine) de mère, elle nous purifie et nous permet de dépasser les imperfections du mental pour faire l'expérience divine de la beauté éternelle et accomplir ainsi notre vie.

Avant de rencontrer Amma, il m'arrivait souvent de pleurer sans raison apparente quand j'étais tout seul ! Dans les dernières heures de la nuit, mon esprit désirait impatiemment *quelque chose*. Amma, l'*antaryami* (celle qui demeure à l'intérieur), a sans aucun doute essayé, même alors, de me consoler. Aujourd'hui, je sais que la brise rafraîchissante qui séchait mes larmes n'était autre que sa main.

Grâce à la rencontre d'un mahatma comme Amma, le mental se tourne vers l'intérieur. Puis, un jour, on va couper les liens avec le monde extérieur. Le moment où cela arrive représente une expérience puissante et significative car c'est notre individualité même qui est mise sens dessus dessous. Les autres commenceront à nous trouver métamorphosés.

Je me souviens d'une maison hantée dans le nord du Kerala, où nous avions, à la demande de mon ami, décidé de mener quelques investigations. Sur le seuil de cette maison inhabitée, nous avons aperçu des signes de mauvais augure. Un cobra glissait le long des marches qui conduisaient à un bassin, des toiles d'araignées recouvraient les murs extérieurs de la maison, on entendait un bruit de battements d'ailes de chauves-souris. Tout cela suffisait à rendre l'atmosphère terrifiante, sans parler des fantômes !

Mon ami et moi nous sommes assis sous la véranda devant la maison fermée à clé. J'ai examiné le terrain autour de nous. Même à l'aube et au crépuscule, les rayons du soleil semblaient éviter cette maison à moitié démolie. Nous avons appris que beaucoup de gens étaient morts dans le bassin et que, pour cette raison, personne ne s'était donné la peine de nettoyer cet endroit.

Au crépuscule, le gardien de nuit est arrivé en portant une lanterne. Je lui ai demandé :

– N'avez-vous jamais peur de rester tout seul ici ?

– A quoi cela me servirait-il d'avoir peur mon enfant ? Il faut bien gagner sa vie, non ? dit-il avec un soupir. Je ne me souviens plus à quand remonte la dernière nuit que j'ai passée avec ma femme et mes enfants. Ma santé ne me permettait plus de travailler et c'est alors que j'ai trouvé ce travail-là, que personne n'osait faire.

Nous l'avons écouté raconter ses histoires de fantômes et nous avons bien ri. Il a dit que, pour éloigner les mauvais esprits, il portait autour des poignets et du cou des amulettes sur lesquelles était gravé un mantra et qui avaient été consacrées dans un temple. Ainsi il n'avait pas peur ! Cela m'a fait réfléchir sur le courage que peut donner une foi innocente comme la sienne.

Le problème n'est pas de savoir si Dieu existe mais plutôt de savoir si cela sert à quelque chose de croire en Dieu. Un mantra inscrit sur un bout de métal est capable de supprimer la peur et c'est justement ce sentiment de sécurité qui manque aux hommes et aux femmes modernes. Et leurs peurs vont ainsi en grandissant. Quand on a peur, on se méfie de tout. Quand on n'a rien pour se réconforter parce que le mental n'a foi en rien, on se met à poursuivre les mirages du désert de la vie. Incapable de trouver la source intérieure, on erre sans fin pour essayer d'étancher sa soif.

Malgré les battements d'ailes des chauves souris et les hurlements des chiens que nous avons dû supporter, nous sommes restés quelques jours dans cette maison à attendre les fantômes.

Mais nous n'avons rien appris sur les phénomènes paranormaux. En quittant les lieux, nous en sommes venus à la conclusion que les fantômes, les esprits et tout le reste étaient une création de l'inconscient des gens.

J'ai appris que beaucoup de ces maisons soi-disant hantées étaient construites en dépit des lois du *vastu shastra*[1] Il ne fait aucun doute qu'un tulasi[2] sacré dans la cour et une salle de prière bien éclairée changent l'apparence d'une maison. Faisons bien attention aux images que nous mettons sur les murs, évitons les visages monstrueux ou les têtes d'animaux. Même les objets exercent une influence sur le mental. Essayons de ne pas surcharger notre intérieur d'objets inutiles. Quand on pénètre dans une maison décorée avec de jolies images bien choisies qui réveillent systématiquement le souvenir de Dieu et avec des objets revitalisants, on sent le mental s'apaiser.

En présence d'Amma, on se sent en paix n'importe où. On dit qu'il est impossible de mettre les mahatmas en enfer, sinon l'enfer deviendrait un paradis ! Jusqu'à ce que je rencontre Amma et que, grâce à sa présence, je jouisse d'une félicité paradisiaque, j'ai continué ma recherche sur les pouvoirs paranormaux.

Dans des temples, j'ai vu des déités à l'apparence terrifiante qu'on avait installées là dans le seul but de détruire des ennemis. Dans ce genre d'endroits, on exploite la faiblesse humaine pour se faire de l'argent. Ensuite, j'ai compris la signification exacte des *poujas* destinées à détruire des ennemis. Ce n'est pas son ennemi que l'on détruit, c'est le sentiment d'inimitié qu'on éprouve contre lui. Quand un adversaire se change en allié, quand la haine se transforme en amour, quand la colère devient compassion, l'inimitié est détruite. Mais pour cela, il faut avoir abandonné tous ses

---

[1] Science indienne du positionnement des objets qui a pour but de contrôler le flux d'énergie positive et d'évacuer l'énergie négative. Analogue au Feng Shui.
[2] Le basilic sacré.

désirs et toutes ses aversions. Il faut ranimer les qualités divines avec le souffle rafraîchissant de l'amour.

Toute action entreprise dans le but de nuire à autrui causera notre propre ruine. Nos pensées de haine foncent comme des flèches vers leur cible, blessent la personne visée et reviennent vers nous dix fois plus nocives, comme une malédiction. C'est pour cela qu'il y a tant d'histoires d'êtres qui endurent des souffrances terribles pendant des générations pour avoir créé des déités terrifiantes dans le but de détruire leurs ennemis. Des pensées amicales profitent à autrui avant de revenir également multipliées à l'émetteur.

Je me souviens d'une des fêtes religieuses qui étaient célébrées dans le temple ancestral de ma famille biologique et à laquelle j'ai assisté quand j'étais étudiant. Tous les membres de la famille s'étaient réunis pour l'occasion. Un des éléments du rituel consistait à chanter des hymnes *kalamezhuttu*[3] destinés à s'attirer la bénédiction des dieux *naga* (serpent).

Des jeunes filles étaient installées devant le *kalamezhuttu* dessiné au pied des autels des *yakshi* (demi-déesses) et du roi des dieux serpents. Des ménestrels ont entonné des hymnes en l'honneur de ces divinités. La musique des instruments à vent qui accompagnaient les chanteurs s'ajoutait à la bruyante clameur de la foule pour créer une ambiance exaltée. J'ai demandé des explications à mon père : « De quoi s'agit-il ? » Il a répondu que c'était une manière d'accueillir les *yakshis* et le roi serpent. A ces paroles, j'ai observé le déroulement du spectacle avec le plus grand intérêt. Les battements de tambours et les hululements des femmes se sont intensifiés. Les jeunes filles, qui jusque là étaient restées assises, la tête baissée, ont commencé à bouger. Elles portaient des tiges de fleurs et se balançaient comme des serpents.

---

[3] Nom donné à des illustrations de déités dessinées sur le sol avec des poudres colorées. Les chants dont il s'agit sont un hommage à ces déités.

Pour l'assistance, c'étaient les dieux serpents qui se manifestaient à travers les mouvements des danseuses. Leur regard et leurs gestes évoquaient d'une manière frappante ceux des serpents. Elles se déplaçaient d'un côté à l'autre au rythme de la musique en donnant l'impression d'être hypnotisées. Les fidèles se sont laissés aller à crier sans contrôle. A l'heure prévue pour la fin de la cérémonie, les jeunes filles ne se sont pas arrêtées. Tous les efforts pour les retenir et les empêcher de danser se sont avérés vains. Où donc puisaient-elles cette force ? La musique s'est arrêtée. Quand le prêtre les a aspergées d'eau bénie, les jeunes filles ont rampé jusqu'au seuil du temple et sont restées prostrées.

Qu'était-il arrivé à ces jeunes filles ? Comment l'esprit d'un serpent peut-il pénétrer dans un corps humain ? Quelle est la nature de ces rituels en l'honneur des dieux serpents ? Je ne connaissais pas la réponse à toutes ces questions mais je ne pouvais plus ignorer le fait que plusieurs des croyances que je tenais pour superstitieuses étaient une consolation pour le peuple.

Amma m'a appris qu'en stimulant la *kundalini shakti* (l'énergie du serpent) qui est endormie dans le *muladhara chakra*, on peut faire plusieurs expériences divines. Nous essayons de mettre en mouvement cette énergie divine en adorant Dieu ce qui éveille les qualités divines intérieures. Quand l'énergie infinie située dans le *muladhara chakra*, personnifiée par Kanyakumari, s'unira au *Parameshvara* qui réside dans le *sahasrara chakra*, nous connaîtrons la Vérité, l'essence de l'accomplissement spirituel[4]. Celui qui baigne ainsi dans le nectar de l'immortalité transcende tout sens de l'individualité.

Dieu n'a ni nom, ni forme. Mais tous les noms sont les siens, toutes les formes sont les siennes. Notre expérience spirituelle

---

[4] Ce processus d'évolution spirituelle est illustré par la légende de Kanyakumari, la Déesse Vierge. Cette déesse qui réside à la pointe sud de l'Inde attend le *Parameshvara* (Shiva) qui vit dans les montagnes de l'Himalaya sur le mont Kailash, au nord-est de l'Inde. Leur rencontre symbolise l'aboutissement de l'évolution spirituelle.

repose sur la foi et sur l'idée que nous nous faisons de Dieu. Quelle que soit notre conception de Dieu, le Tout-Puissant l'accepte sans problème. Les expériences spirituelles d'un fidèle dépendent de son idée du divin. Nous pouvons utiliser le mental comme un récipient pour le remplir d'énergie divine. La forme du récipient n'a aucune importance, nous pouvons choisir celle qui nous plaît. Lorsqu'on suit la voie de la dévotion, l'adoration du Seigneur est de plus en plus gratifiante. Le zèle qu'on met à atteindre l'union avec notre *ishta devata* (divinité d'élection) fait disparaître les *vasanas* (tendances latentes).

Il est difficile de s'enthousiasmer pour un Dieu qu'on ne voit pas. En revanche, il est facile de percevoir la présence de toutes les déités chez un *satguru*. Il nous arrive ainsi de faire des expériences divines, que nous aurions pourtant crues inaccessibles, quand nous avons une foi et une dévotion inébranlables pour le *satguru*. C'est pour cela qu'il est inutile de vénérer d'autres déités quand on a rencontré un *satguru*. Un disciple avancé sera capable de percevoir dans le *guru* les différents *bhavas* (aspects) de chacune des trois cent trente trois millions de divinités[5].

Il m'est arrivé de rendre visite à une femme qui pleurait tous les jours la mort de son fils. On aurait dit que l'âme du fils possédait le corps de sa mère. Elle avait, à ce moment-là, une voix différente, et sa nature même devenait différente Elle parlait et se comportait comme un homme. J'ai remarqué ces changements inhabituels dans son comportement. Bien qu'affaiblie par le chagrin, elle se déplaçait avec la vigueur d'un athlète.

La mort prématurée de son fils, un sportif, lui avait brisé le cœur. Et depuis, il lui arrivait de se conduire comme lui. Ce jour-là, elle prétendait, à voix haute mais indistincte, être son fils et être en visite chez sa mère. Un peu plus tard, elle a demandé à

---

[5] Les hindous croient à l'existence de 330 millions de divinités. Ce nombre est symbolique, il signifie qu'un seul et indivisible Dieu peut se manifester d'une infinité de façons.

boire. Lorsqu'on lui a versé de l'eau dans la bouche, elle s'est mise à l'avaler goulûment. Puis elle a fermé les yeux. On l'a aspergée d'eau, elle a de nouveau ouvert les yeux et a regardé tous ceux qui étaient là. Elle semblait être revenue à son état normal. Elle a demandé pourquoi nous étions tous réunis là, manifestement elle ne se souvenait pas de ce qui venait de se passer.

Comment cela est-il possible ? C'est bien la preuve que son fils, même mort, continuait de vivre dans le cœur de sa mère. Sentir que son fils n'était pas mort et qu'il était toujours vivant à l'intérieur d'elle-même lui apportait un grand soulagement. Son inconscient connaissait très bien les habitudes et les gestes de son fils. Son cœur, n'avait pas la force d'accepter la vérité de la mort de son fils, il s'efforçait donc de le faire revivre en elle. C'est la conclusion que j'en ai tirée intellectuellement. Elle ne jouait pas la comédie, elle était complètement identifiée à la personnalité de son fils et même la mort ne pouvait trancher ce lien d'amour. Un mort continue de vivre dans le cœur de ceux qui l'aiment. C'est une vérité dont je me souviendrai toujours.

Les âmes éveillées peuvent prendre n'importe quelle forme. Nous avons tous en nous ces aspects divins innombrables. Un homme ordinaire ne peut se manifester que sous forme humaine ou démoniaque mais un *satguru* tel qu'Amma peut s'identifier à n'importe quel aspect divin. A une certaine époque, je ne quittais pas Amma des yeux pendant les *Devi Bhava*. Il arrive que le *guru* joue avec ceux qui, même après l'avoir rencontré, se ridiculisent en essayant de le juger avec l'intellect. J'ai, moi aussi, tenté de mesurer l'infinité d'Amma à l'aune de mon intellect limité. Amma, l'incarnation de la compassion, a compris que ces tentatives étaient celles d'un enfant ignorant et elle a ri de bon cœur de ma bêtise. Quand un père et un fils se mesurent à la lutte, non seulement le père admet sa défaite sans problème, mais en plus il félicite son fils de sa force ! Il le fait pour faire plaisir à son fils. Amma a agi de la même façon avec moi. Elle m'a encouragé tout au long de mes efforts intellectuels pour la comprendre.

Après avoir en vain essayé d'enlever le sari que portait Draupadi, Duryodhana épuisé, a fini par s'effondrer[6]. Amma a attendu avec patience et compassion que, moi aussi je tombe d'épuisement, après avoir vainement essayé de dévoiler la Vérité au moyen de l'intellect.

---

[6] Dans le *Mahabharata*, Duryodhana, le chef des Kauravas, essaye d'humilier Draupadi, la femme des Pandavas, ses cousins, en la déshabillant publiquement. Impuissante, elle appelle Krishna à l'aide. Krishna la sauve du déshonneur en allongeant son sari à l'infini.

La tonnelle du cœur

5

Il y a de la musique dans le silence. Il y a de la danse dans l'immobilité. Il y a de la beauté dans la laideur. Il y a la fraîcheur de la béatitude dans le feu du chagrin. C'est ce que l'on ressent quand l'amour divin s'éveille et ce sont les premières leçons que j'ai apprises en vivant dans la sainte présence d'Amma.

« Mon fils, comment pouvons-nous rejeter quoi que ce soit ? Il faut apprendre à jouir de la vie. Il faut nous soumettre à Dieu afin qu'il puisse rectifier toutes les idées que nous avons nourries jusqu'à présent. Nous devons lâcher prise et accepter que soient effacés les concepts chéris par notre mental. »

Quand le soleil brille, on ne remarque plus la présence des lucioles. On n'a plus besoin de la lumière des bougies. Quand l'aube de la connaissance se lève, elle chasse toutes les expériences ordinaires. Amma est le soleil de la sagesse. Elle est le courant de compassion qui nous conduit de l'ombre de l'individualité au phare lumineux de la totalité.

Amma a été la réponse à tous mes doutes. Elle a également été la preuve de toutes les réponses. En présence d'Amma, la logique et l'intellect s'évanouissent. Les strates de mon ego, aussi nombreuses que celles de l'Himalaya, ont fondu en larmes pour venir baigner ses pieds sacrés.

Ma vie est devenue un voyage de retour vers l'enfance que j'avais perdue. Les jours qui ont suivi ma rencontre avec Amma m'ont convaincu que l'état d'enfance n'est pas réservé à une certaine tranche d'âge. Il est possible de connaître la douceur de l'enfance à tout âge et tous ceux qui s'approchent d'Amma s'en rendent compte. Cela se manifeste lorsqu'on décide d'abandonner son ego à Dieu ou au *guru*. Je n'étais pas conscient que la proximité d'Amma me transformait en enfant. Son amour maternel puissant et fascinant nourrit en nous le sentiment d'être un tout petit enfant. Je me suis fondu dans le flot de son amour et de sa compassion et suis devenu une non-entité. Tout ce que je voyais et entendais a pris un sens nouveau.

* * *

Le jour de la fête de *Taipuyam*[1], c'est la cohue dans le temple et les rues d'Harippad où des milliers de personnes sont venues assister à la danse des *kavadis*. Les nombreux dévots du Seigneur Muruga qui ont décidé d'observer des vœux religieux portent le *kavadi* qu'ils vont offrir à leur dieu. Ils dansent au rythme des tambours et de la musique. C'est magnifique de voir un millier de plumes de paon suivre la même cadence ! La foule des fidèles s'abandonne à la danse, modèles d'innocence sans artifice. Ils ne dansent pas pour autrui ni pour obtenir une récompense. C'est l'ivresse d'une dévotion extrême qui les fait danser. Dès le premier coup d'œil, on s'aperçoit que ce ne sont pas des professionnels imbibés d'alcool et payés pour leur prestation. Pour ces fidèles qui ont observé leurs vœux pendant des jours et des jours, qui ont vénéré le Seigneur Muruga et mendié leur nourriture dans le but de renoncer à tout sens de fierté et d'honneur personnels

---

[1] Jour de *puyam* (*pushyam*) le huitième astéroïde lunaire du mois de Tai (mi-janvier à mi-février). Ce jour est traditionnellement consacré au dieu Muruga. Des fidèles portent un *kavadi* orné en plumes de paon pour honorer Muruga. Beaucoup d'entre eux dansent. Certains se transpercent le corps avec des pics ou des tridents. D'autres effectuent une marche rituelle sur un lit de braises rouges.

et qui sont prêts à abandonner à Dieu même la conscience du corps, ce sont des moments de béatitude ineffable. Ils ne sont plus que pures âmes, ils ont oublié le monde matériel, même si cela n'est que momentané, et ils dansent au rythme de la danse de l'univers. Ces dévots deviennent le véhicule riche en couleurs du Seigneur Muruga.

A l'occasion de ces fêtes religieuses, on peut faire l'expérience divine d'être métamorphosé en porteur du Divin. Pour être capable de véhiculer le Divin, il faut que le cœur devienne un sanctuaire. Comme Krishna l'a dit à Arjuna, le corps est un temple. Amma nous répète régulièrement que si le cœur devient un sanctuaire, nous y ferons l'expérience du Divin. Amma s'emploie à faire de nous des temples ambulants. Nous devons véhiculer le Divin, nous devons être capables de propager la paix à travers le monde. Même les personnes qui se noient dans le plaisir des sens peuvent arriver à l'innocence et à la dévotion en observant des voeux. Si les fidèles ne ressentent aucune souffrance en se transperçant la peau d'un trident ni aucune brûlure en marchant sur un lit de braises incandescentes, c'est parce que leur mental est absorbé en Dieu si bien que les éléments naturels ne peuvent pas entraver leur chemin.

Quand le disciple de Shankaracharya a entendu l'appel de son *guru,* il n'a pensé à rien d'autre qu'à traverser la rivière pour le rejoindre et des pétales de lotus ont surgi sous ses pieds pour le soutenir[2]. La nature ne peut qu'aider ceux qui s'oublient complètement et ne pensent qu'à Dieu. Les moments pendant lesquels nous oublions, au moins brièvement, notre identification au corps, au mental et à l'intellect, nous procurent des expériences merveilleuses.

« Fils, qu'y a-t-il d'impossible à celui qui a réduit son ego à zéro ? » Les paroles d'Amma ne sont pas empruntées à quelqu'un

---

[2] Ce disciple a été appelé Padmapada (littéralement, pieds de lotus).

d'autre. Elles coulent comme de l'ambroisie du trône de l'omniscience sur lequel elle siège. Amma est la présence divine qui donne l'impression que toute question, même portant sur Dieu, est inutile.

« Y a-t-il quelque chose qui ne soit pas Dieu ? » Il se peut que tout le monde ne comprenne pas ces paroles. Il peut arriver à une personne ordinaire de transcender, totalement ou partiellement, le domaine du corps, du mental et de l'intellect quand elle se trouve dans une situation où elle oublie son individualité. L'amoureux qui pense à sa bien-aimée ne fait pas attention à la personne qui marche devant lui. La servante qui pense à son bébé qu'elle a laissé endormi à la maison ne s'aperçoit pas que ses vêtements ont pris feu. Il y a dans la vie de tout le monde des moments où les organes des sens s'arrêtent de fonctionner sans qu'on s'en rende compte. Mais ces moments ne durent pas. Quand l'activité du mental cesse, le monde des expériences divines est activé.

Un jour de *Devi Bhava*, alors que j'étais auprès d'Amma, j'ai remarqué un groupe de personnes du Tamil Nadu qui dansaient et riaient d'une voix rauque. Leurs mouvements étaient rapides, ils avaient les yeux fermés et ils se touchaient presque en dansant. Leur danse était si énergique qu'en cas de collision, ils risquaient la mort ! Mais tout en gardant les yeux fermés, ils ne se cognaient jamais les uns aux autres et cela m'a étonné. J'ai appris plus tard qu'ils avaient fait vœu de traverser un lit de braises en dansant au temple de *Maadan* à Kollam mais aussi qu'ils n'exécuteraient leur danse du feu qu'avec la permission d'Amma. Je leur ai demandé pourquoi ils voulaient son autorisation. Ils ont dit que chaque fois qu'ils dansaient sans sa permission, ils se brûlaient.

Ces fidèles, venus demander la permission d'Amma, s'abandonnaient maintenant totalement à la danse. Ils dansaient à une vitesse terrifiante et riaient sans arrêt, bruyamment. Le sens de cette danse et de ces rires m'échappait complètement. J'ai demandé à Amma et elle m'a dit : « Mon fils, peut-être qu'ils voient Dieu comme un amoureux du rire strident. Des sommets de félicité incontrôlable peuvent provoquer ce genre de rire. Alors, cela devient une danse. »

Quand les mots ont fait la preuve de leur insuffisance à exprimer les émotions du mental, celles-ci se manifestent sous forme de danse. Quand nous nous mettons en colère, nos gestes se modifient ainsi que notre regard, nos mouvements, notre rythme respiratoire, l'expression de notre visage. Ils deviennent danse. Quand nous ressentons de l'amour, il se produit un changement dans le mouvement des membres. Notre façon de bouger et l'expression de notre visage changent complètement et se transforment en danse. La félicité des expériences divines fait de nous des danseurs.

Nous pouvons modifier la vie dans le sens de nos conceptions. Nous pouvons réaliser le Dieu de notre imagination. Nous pouvons devenir tout ce que nous voulons, mais il faut commencer par développer des idées justes dans le mental.

Nous pouvons atteindre la plénitude dans cette vie-ci. Par sa vie, Amma nous montre comment y arriver. Il est impossible de décrire les sacrifices qu'elle fait dans le but de nous conduire de la jungle épaisse de l'intellect jusqu'au jardin du coeur.

Pourquoi gaspiller notre vie ? Pourquoi rester enfermés dans la camisole de force que sont le corps, le mental et l'intellect ? Il faut profiter de cette vie sacrée pour briser la cage où nous emprisonnent nos attachements et nous envoler vers l'indestructibilité.

Amma travaille constamment à éveiller en nous les qualités divines par la compassion de son regard, le réconfort de son contact et l'ambroisie de ses paroles. La vie devient magnifique quand on change de perspective.

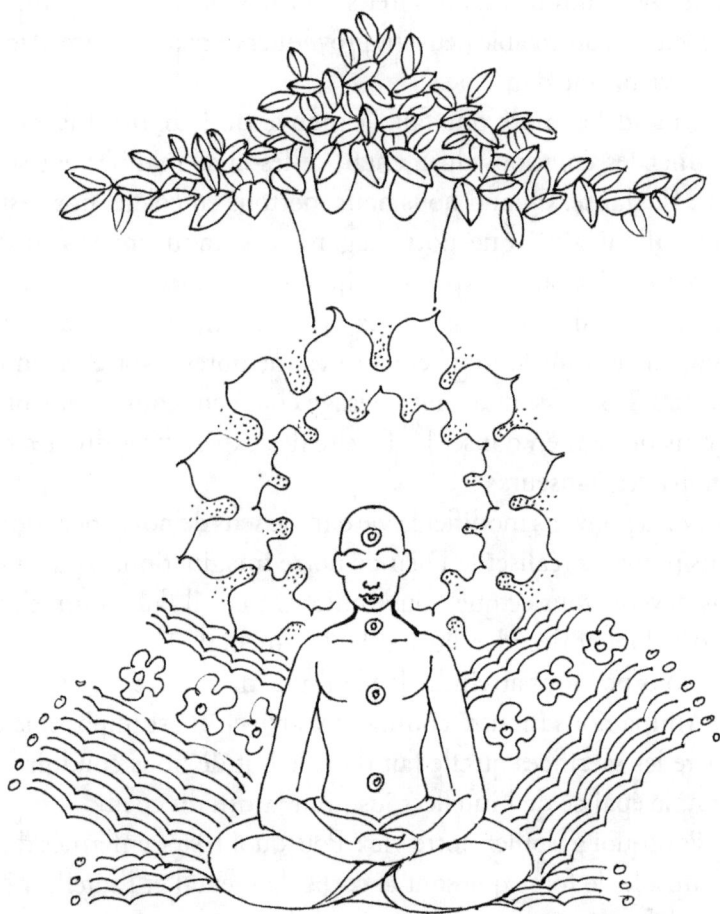

Le soleil de la connaissance

6

Avec le lever du soleil s'évanouissent les ténèbres, noires comme l'encre. L'atmosphère de terreur que distille cette obscurité se dissipe. Toutes les peurs disparaissent. Les rayons du soleil revivifient les êtres vivants. Amma crée un changement similaire en faisant se lever le soleil de la connaissance.

Il est une obscurité encore plus alarmante que celle de la nuit, c'est celle qu'engendre l'ignorance. Le mental a la capacité de créer des illusions qui n'ont pas d'existence réelle. C'est aussi la cause de notre ignorance de tout ce qui existe.

Si nous essayons de tout apprendre sur le monde extérieur sans apprendre tout ce qu'il y a à savoir sur nous-mêmes, nous ne pourrons pas comprendre la réalité. Tout ce que nous voyons et entendons ne sont que des projections de nos conceptions personnelles.

Un homme était perdu au milieu de gens parlant une langue étrangère. En entendant quelqu'un parler dans sa langue maternelle, il s'est tout de suite réconforté. Cette personne lui a expliqué quel avait été le sujet de la discussion et son visage a changé d'expression : un sourire est progressivement apparu sur ses lèvres. Le pauvre homme avait cru que les autres se moquaient de lui. En réalité, ils lui avaient fait des compliments mais il ne l'a compris que lorsque cette personne s'est offerte à lui expliquer patiemment ce qui avait été dit. Il s'est rendu compte qu'au lieu de perdre son temps à se tracasser, il fallait se réjouir.

Nous avons la grande chance d'avoir un *mahaguru* (grand guru), qui a la forme d'une mère, pour chasser les préjugés analogues que nous avons sur la vie.

karayunna tiniyentin akhilēśi tiruppādattaṇaññenna taṟiññillayō

Pourquoi pleurez-vous ?
Ne savez-vous pas que vous êtes arrivés
aux pieds sacrés du Seigneur ?

Extrait du *bhajan* « *Akalatta kovilil* »

Gardez les lignes de ce *bhajan* toujours présentes à l'esprit. Même après avoir eu le *darshan* d'Amma, nos ennemis que sont le désir et l'aversion, peuvent être sources d'expériences pénibles. Cependant, nous pouvons les supprimer grâce au discernement.

Je me souviens d'un épisode qui s'est passé avant que je ne réside à l'ashram. C'était un jour de *Devi Bhava darshan* et je n'avais pas eu la possibilité de parler à Amma. Me sentant déprimé, j'étais allé m'asseoir dans un coin devant le *kalari*. L'aube approchait. Bien que le *darshan* soit fini, Amma n'était pas encore allée se coucher. Elle était devant le *kalari*, entourée de nombreux dévots.

Certaines personnes avaient l'impression qu'Amma redevenait une enfant dès que le *Devi Bhava darshan* était fini. Et Amma, de son côté, n'hésitait jamais à chanter fort, à plaisanter ou même à chahuter avec ces personnes. Amma savait se conduire en enfant en présence de ceux qui la voyaient comme telle. Elle savait également devenir Devi aux yeux de ceux qui la voyaient comme étant la Déesse.

Peut-être fallait-il ces *lilas* (jeux divins) pour nous montrer qu'elle pouvait, à sa guise, devenir n'importe qui. Tous les visages exprimaient avec éloquence la béatitude d'être en sa présence.

Ceux qui devaient repartir par le car de cinq heures ne voulaient pas quitter Amma. Ils étaient devenus l'innocence même et avaient complètement oublié l'heure et l'endroit où ils se trouvaient. Ils chantaient et dansaient avec elle.

Tout à coup, Amma s'est levée et a couru jusqu'à moi. Elle s'est assise par terre à mes côtés et m'a demandé : « Mon fils, pourquoi es-tu assis tout seul ? Tu ne veux pas d'Amma ? Es-tu devenu assez fort pour pouvoir rester tout seul ? La solitude est bénéfique, mon fils. Il faut que tu l'apprécies. » J'ai niché ma tête contre son épaule et elle s'est mise à chanter :

Enne maraññu ñān ennilūṭannoru tankakkināvil layichu
kōṭiyabdaṅgal pinniṭṭa kathakalen cāru sirayiludichu
yarnnu
Annutoṭṭanyamāy kkāṇān kazhiññilla
ellāmentātmāvennōrttu

M'oubliant, je me suis fondue
dans un rêve doré venu du fond de moi-même.
Les événements des millions d'années écoulées
ont surgi à l'intérieur de moi.
Depuis ce jour-là, je suis incapable de percevoir
quoi que ce soit comme différent de mon propre Soi.
Tout ne fait qu'un.

Extrait du *bhajan* « *Anandavithiyil* »

Amma m'a dit : « Mon fils, quand tu auras connu le bonheur de la solitude, tu n'auras plus le sentiment qu'il y a un « autre. » Amma a chanté plusieurs fois ce vers : « *Depuis ce jour-là, je suis incapable de percevoir quoi que ce soit comme différent de mon propre Soi. Tout ne fait qu'un.* » Ceux qui sont devenus uns avec la nature, ceux qui savent qu'ils se sont dissous dans l'océan de

Brahman (la réalité ultime) perçoivent qu'il n'existe rien d'autre qu'eux-mêmes. Tout est à eux. Ils voient leur propre Soi partout. Solitude ne veut pas dire esseulement. L'idée que l'on est esseulé engendre la tristesse. Cela fait peur, détruit la confiance en soi, rend anxieux et n'apporte que des souffrances. Mais ce n'est pas le cas de la solitude. La solitude est un état d'union avec Dieu. Elle est emplie des moments précieux d'intimité du cœur partagée avec Dieu. Y a-t-il un endroit où l'on puisse être tout seul ? Quand Dieu demeure en tout lieu, c'est un non-sens de même penser que l'on est tout seul. Nous devons être capables de savourer la solitude.

La vie est une course. Comment trouver le temps de faire l'expérience de la solitude si nous sommes empêtrés dans les liens de nos attachements ? La vie matérielle devient une prison. Si nous y restons, comment pourrons-nous voir se lever la merveilleuse aube dorée de la liberté éternelle ? C'est la raison pour laquelle Amma dit : « Mes enfants, devenez des êtres libres. Comprenez que votre vie présente est un esclavage. Abandonnez les idées que vous avez chéries jusqu'à maintenant. »

L'éléphant qui a été capturé finit par se soumettre à ses dompteurs. Après avoir été dressé, il n'essaie plus de s'échapper même si son enclos n'est fait que de branchages. Il n'y a personne pour lui dire que sa prison est une cage en bois. Il se croit enfermé derrière des barreaux de fer et il essaie de se résigner à la prison. La cage qui nous emprisonne est encore moins solide qu'un enclos de branchages. Mais quelqu'un de sensuel ne peut s'en échapper pas plus que le paresseux. Il faut du courage pour se libérer. Si nous arrivons à sortir de cette prison, tous les concepts que nous avons nourris jusqu'alors seront effacés. La vie deviendra un terrain de jeu où nous ferons l'expérience de la béatitude infinie.

Avec de la pratique, on peut rester seul même au milieu d'une foule déchaînée. Nous devons exercer notre mental. Quand nous serons capables de voir le Soi en tout, la notion de l'« autre » s'estompera. Remplissons-nous de force au lieu de la gaspiller. Devenons un réservoir d'énergie. Quand la lumière du Soi nous submergera, naîtra le sentiment que notre propre Soi remplit toute chose. Souvenons-nous du conseil d'Amma : « Ne gaspillez pas votre énergie en reproches ni en lamentations. »

Au lieu de ruminer notre isolement, goûtons la béatitude de la solitude. Quand nous remettons notre souffrance à Dieu, même les larmes de chagrin deviennent douces. Faisons attention à ne pas nous identifier aux nuages noirs du chagrin. Ces nuages sont éphémères. Comment les nuages de nos faibles pensées pourraient-ils assombrir le soleil de notre Soi ? De toute façon, l'idée que les nuages obscurcissent le soleil est une pure fantaisie. Comparés à la taille du soleil, les nuages sont ridiculement petits ! Il suffit de souffler sur les nuages de notre faiblesse pour les disperser ! Il nous semble que les nuages obscurcissent le soleil mais, en fait, c'est notre vision qui est obscurcie et non pas le soleil. Nous devons ouvrir l'œil, le bon, celui qui ne peut pas être bandé par le voile de *maya*, l'œil de la connaissance !

Si Amma est venue, c'est pour ouvrir l'œil de la connaissance en nous. En échange, elle accepte le fardeau de nos péchés. Pour les mahatmas qui sont l'incarnation de la compassion, même le *samsara* est semblable à un terrain de jeux.

Le voyage vers le Soi ressemble à l'ascension d'une montagne. Etant donné qu'il s'agit d'une expédition vers le sommet, évitons de nous charger inutilement. Sinon le voyage sera difficile. Moins nous serons chargés, plus facile sera le chemin.

En réalité, rien de ce que nous transportons n'est nécessaire. Ce serait de la folie de mettre des déchets dans des sacs et de les trimballer jusqu'en haut de la montagne. Nous serions vite fatigués et incapables d'achever la route, il ne nous resterait plus qu'à nous résigner à mourir.

Nous pouvons déposer aux pieds d'Amma le fardeau de la dette karmique que nous portons vie après vie. Les barrières de l'égoïsme s'effondrent en présence de celle que l'énergie cosmique a amenée sur terre pour libérer des millions de vies. La souffrance du *samsara* se dissout dans cette merveille de l'amour maternel universel.

Le monde repose sur le pouvoir merveilleux de l'amour. L'amour abolit toute distance. L'amour rend toute parole superflue. Le silence est la langue de l'*Atma* (le Soi). Telles les eaux du Gange, des cascades d'amour s'écoulent des hauteurs de l'*Atma*. Les mots sont impuissants à définir ce que le silence peut communiquer. Autrefois, le *guru* et ses disciples communiaient dans le silence. Ils avaient atteint le niveau où l'on peut tout comprendre sans utiliser la parole. Ceci est possible quand on se tient au sommet de l'amour. Quand un enfant a faim, sa mère sait ce dont il a besoin avant même que son visage ne s'altère.

Quand j'ai commencé à vivre auprès d'Amma, elle m'a transmis en silence une sagesse que j'avais été incapable de saisir dans tout ce que j'avais lu et entendu. J'ai appris qu'en étant attentifs, nous nous rendons compte qu'Amma transforme notre mental rien qu'en changeant d'expression. Un seul de ses regards est plus puissant qu'un millier de paroles. Qu'est-ce donc qui ne peut être enseigné ? C'est précisément cela qu'enseigne le *guru*.

Amma ne s'arrête jamais d'enseigner, même dans les périodes où elle est absorbée en méditation. Amma essaye continuellement d'unir les cœurs humains au moyen de l'amour suprême. Le *guru* déverse sa grâce sur le disciple qui l'aime et s'abandonne à lui. C'est grâce à son attitude de lâcher prise que Ekalavya s'est approprié l'enseignement de Dronacharya[1]. L'amour s'accompagne toujours

---

[1] Selon le Mahabharata, Dronacharya, maître archer, avait refusé d'enseigner son art à Ekalavya. Celui-ci avait quand même appris en observant secrètement le maître et en s'exerçant devant une effigie de ce dernier. Quand Dronacharya l'a appris, il lui a demandé sa *guru dakshina* (honoraires). Ekalavya

de lâcher prise. Un *jnani*, celui qui connaît la vérité ultime, est amoureux de l'univers. Comment un être qui connaît toute chose intimement pourrait-il ne pas aimer ? Quand Yasoda a vu se révéler le monde entier dans la bouche ouverte de son petit Krishna, elle s'est évanouie. Même si ses enfants n'ont pas la force mentale de faire face à la vision cosmique, Amma est prête à leur faire comprendre toute chose grâce à son amour maternel.

La moindre pensée peut influencer fortement la nature. C'est donc un crime de polluer la Nature avec de mauvaises pensées.

"Manah krtam krtam ràma, na sarìra krtam krtam" dit le Sage Vasishtha dans le Yoga Vasishtha

« Ce que fait le mental est un acte, pas ce que fait le corps.» En d'autres termes, une action ne mérite ce nom que si le mental est impliqué. Mais il se peut qu'en agissant seulement mentalement, sans intervenir physiquement, nous recevions les mérites que cette action, si elle avait été accomplie physiquement, nous aurait valu.

Amma nous prévient qu'il faut faire très attention quand on manipule cet instrument qu'est le mental. Dès qu'ils utilisent leur mental, les gens deviennent semblables à des enfants à qui on aurait donné une torche enflammée. Faire usage de son mental sans en connaître les secrets peut mener à la destruction totale.

C'est pour cette raison que le *guru* nous donne un mantra, pour nous permettre de dompter le mental. Répéter un mantra permet de nettoyer le flot des pensées. Il n'est pas facile de les supprimer en totalité mais on peut utiliser de bonnes pensées pour progressivement affaiblir et arrêter les autres. Comme nous le dit Amma, si un récipient contient de l'eau salée et qu'on y ajoute sans cesse de l'eau pure, sa teneur en sel va diminuer petit à petit. Emplissons ainsi le mental de nobles pensées et il se purifiera rapidement.

---

s'est alors coupé le pouce et l'a offert à Dronacharya tout en sachant qu'il ne pourrait plus jamais pratiquer le tir à l'arc.

Amoureux de
la nature

7

En Inde, les rituels dévotionnels ne servaient qu'à une chose : rendre les gens amoureux de la nature. On peut encore aujourd'hui se rendre compte que chaque objet de la nature répond au *sankalpa* (résolution) d'une personne innocente.

Je me souviens d'une anecdote qui remonte à l'époque où j'étais en huitième. Je vivais dans la maison familiale de ma mère biologique. J'allais à l'école à pied. J'aimais déambuler dans les champs de canne à sucre et prendre les chemins détournés. Un jour, comme j'arrivais à la maison pour déjeuner, ma grand-mère m'a dit : « Mon enfant, après le déjeuner, tu iras au temple naga. Ton oncle t'y attend. » J'ai alors réalisé que c'était la fête de notre temple familial. Ma grand-mère tenait absolument à la présence de tous les membres de la famille à cette cérémonie.

J'ai dévalé les escaliers de pierre devant la maison. Courir est naturel aux enfants. Ils aiment la vitesse, en revanche ils n'aiment pas marcher. La fatigue leur est étrangère et chacun de leur mouvement exprime la vitalité. Tout en courant, j'ai pris conscience que j'avais marché sur quelque chose de caoutchouteux. J'ai tourné la tête pour voir ce que c'était. C'était un cobra avec le capuchon redressé ! Epouvanté, je me suis précipité derrière un arbre pour me cacher et regarder. Le cobra a glissé lentement jusqu'au chemin que je devais emprunter puis il s'est arrêté. Comment passer sur ce chemin maintenant ? J'ai compris que cela avait été une mauvaise idée de courir. Je me suis dit que je n'aurais pas dû prendre un raccourci alors qu'il y avait une route. Tout en réfléchissant à ce serpent qui, bien que je lui aie marché dessus ne m'avait pas mordu, je suis rentré à la maison. Ma grand-mère m'attendait à la porte. En m'apercevant, elle a ri :

– Je savais que tu allais revenir, j'ai prié les dieux serpents.

– Pourquoi ? lui ai-je demandé, surpris.

– J'ai oublié de te donner une noix de coco à offrir au temple. Alors, j'ai prié les dieux serpents de te faire revenir. Je lui ai raconté comment j'avais marché sur un serpent et cela l'a fait rire.

– Ne t'en fais pas, les dieux serpents ne te feront aucun mal.

Elle a mis une noix de coco dans un sac et elle me l'a donnée en disant :

– Mon enfant, il faut que tu offres cette noix de coco au temple des dieux serpents.

Il se trouve que ma grand-mère s'était un jour rendu compte avec tristesse que les fleurs du cocotier n'avaient pas donné de fruits et elle avait fait le vœu suivant : « Si cet arbre porte des fruits, j'offrirai la première grappe de noix de coco aux dieux serpents. » Mais mes oncles, qui ignoraient tout de ce vœu, ont cueilli toutes les noix de coco pour en boire le jus. D'ailleurs, ma pauvre grand-mère elle-même avait oublié son vœu ! Quand le cocotier a de nouveau porté des fruits, ceux-ci ressemblaient à des serpents ! Les gens venaient voir ces serpents à capuchon. Toutes les noix de coco ont été offertes au temple des dieux serpents. En gage de repentir, ma grand-mère a promis d'apporter chaque année une noix de coco en offrande au temple. C'était son offrande annuelle qu'elle m'avait confiée.

J'étais si jeune que je ne me suis pas interrogé sur la signification de ces événements. A cet âge-là, il n'y a pas de place pour le doute. Il est facile d'accepter que « c'est comme ça. » Mais les questions ont vu le jour avec le développement de mon intelligence. Les explications qu'on m'a données de ce genre de phénomènes m'ont alors semblé naturelles alors que seuls ceux qui ont percé les mystères de l'univers peuvent les expliquer. Plus tard, quand j'ai cherché des réponses, j'ai accepté le fait qu'il existe de nombreux phénomènes naturels qui échappent à l'intellect.

Les êtres, qu'ils soient vivants ou inanimés (c'est-à-dire les humains, les animaux et les plantes), peuvent comprendre les vibrations qu'émet un mental en harmonie avec la nature. La pureté de l'innocence fait s'épanouir la fleur du coeur. Amma nous caresse de la brise de son amour maternel pour instiller en nous le parfum de l'amour. Quand nous réalisons que les mains invisibles d'Amma sont partout dans l'univers, nous gagnons davantage de confiance en nous-mêmes.

Amma dit qu'on peut tout réaliser grâce à des *sankalpas* (résolutions) innocents. Ce genre d'innocence est innée chez un *jnani*. Bien que l'innocence d'un enfant et celle d'un *jnani* semblent identiques, il n'en est rien. Celle de l'enfant repose sur l'ignorance tandis que celle du *jnani* vient de l'omniscience.

Beauté de l'ignorance de l'enfant ou beauté de la sagesse du *jnani,* elles sont également attirantes. Même le petit d'un animal sauvage suscite la tendresse et l'affection de tous ceux qui le regardent. A part un *jnani* comme Amma, qui peut être simultanément un enfant et la Mère de l'univers ?

Nous voyons certes différentes facettes d'Amma, comme par exemple, sa faculté de jouer à volonté n'importe quel rôle, son absence de peur, son humour, son humilité qui lui fait dire qu'elle ne sait rien. Cependant, en réalité, c'est elle qui tisse les voiles de *maya* qui empêchent les autres de comprendre *qui* elle est. Je me souviens parfois de mes errances d'autrefois, quand je ne savais pas encore que la pâle lueur de l'intellect ne peut éclairer la connaissance du Soi.

Le vélo était l'un de mes loisirs d'étudiant. Je roulais entre les rizières désertes. Mais mes randonnées ont pris un tour complètement différent après ma rencontre avec Amma. J'étais émerveillé de voir comment l'affection d'Amma se manifestait partout dans la nature. Du jour où j'ai vu de toutes petites grenouilles effrayées par ma bicyclette plonger dans l'eau, j'ai renoncé à rouler sur les talus qui bordaient les rizières. Je n'avais plus non plus le cœur de déranger les oiseaux multicolores qui tournoyaient au-dessus des champs et ajoutaient des taches de couleur au paysage. Quand j'ai commencé à sentir que tout dans la nature chantait la gloire de Dieu, chaque paysage faisait monter en moi une joie divine.

Nous avons beau savourer la beauté de la nature à maintes reprises, jamais nous ne nous en lassons. Si nous parvenons à nous abandonner au flot d'amour parfait qui se trouve dans la nature, nous perdons la notion du temps et de l'espace. Au sommet de l'amour, le passé et le futur cessent d'exister. Le temps, lui aussi, s'évanouit. L'amour peut nous conduire au seuil du *samadhi*.

Lors de mes balades en vélo au milieu de la nature foisonnante, je rencontrais souvent des problèmes. Un jour, je suis parti à l'aventure et j'ai roulé jusqu'au crépuscule. Je me suis retrouvé entouré de rizières de tous les côtés. J'ai réalisé que je m'étais perdu et que je n'avais pas la moindre idée de l'endroit où je me trouvais. Désemparé, j'ai pensé demander mon chemin à quelqu'un mais, à cette heure tardive, les paysans avaient déjà déserté les champs. Je suis remonté en selle, décidé à rouler jusqu'à ce que je rencontre quelqu'un. Je n'avais aucune idée de la direction que je suivais. Cependant, je n'ai pas manqué d'admirer la splendeur de la nuit : des nuages argentés semblaient m'accompagner dans le clair de lune. Ma peur de la solitude s'est évanouie. Soudain, la lumière de ma bicyclette s'est éteinte ! Je ne voyais plus le chemin et j'ai dérapé dans un virage. Je suis tombé dans une petite mare d'eau. En me relevant, j'ai eu la joie de voir que l'eau sale avait coloré mes vêtements en ocre. Peut-être était-ce un signe qui présageait d'un grand destin ! J'ai repêché mon vélo et je l'ai posé sur le talus pour l'examiner. En faisant tourner la roue, je me suis aperçu que la lumière fonctionnait de nouveau. Je ne me voyais pas rentrer avant d'avoir lavé mes vêtements. Il n'y avait aucune habitation en vue mais j'ai aperçu un petit temple près de l'endroit où j'étais tombé. Il était fermé car l'heure des prières quotidiennes était passée. C'est alors que j'ai vu une lueur au loin et j'ai marché dans cette direction. Grâce à Dieu, c'était une maison ! La lampe qui avait été allumée à la tombée de la nuit ne s'était pas encore éteinte. En voyant un étranger si bizarrement accoutré, l'homme de la maison m'a demandé : « Que s'est-il passé ? On dirait que tu es tombé dans la rizière ! » Il m'a fait entrer chez lui et m'a donné de quoi me laver. Après m'être nettoyé, je suis allé m'asseoir sous la véranda avec mes vêtements mouillés car ils étaient tellement sales que je les avais lavés.

« Mon enfant, les gens tombent toujours à cet endroit-là. Personne ne sait pourquoi. C'est l'itinéraire de la Déesse. Nul ne traverse ce chemin à bicyclette. Tous ceux qui ont essayé sont tombés. » Avec un sourire, l'homme a ajouté : « Tu n'as probablement pas posé le pied à terre à cet endroit-là. »

La maîtresse de maison m'a offert une tasse de café brûlant. En acceptant, je me suis dit : « C'est vraiment extraordinaire ! Il y a partout des gens à qui Amma confie le soin de donner de l'amour ! » Je me suis souvenu des paroles d'Amma : « Mes enfants, ne croyez pas qu'Amma se limite à ce corps. »

Il devait y avoir une énergie invisible qui inspirait à ce couple le désir de manifester tant d'amour et de gentillesse à quelqu'un qui leur était totalement étranger. J'ai reconnu la main d'Amma derrière leur sollicitude et je me suis prosterné intérieurement du fond du cœur devant eux avant de retourner chez moi. L'amour d'Amma m'a rendu capable de redevenir un enfant devant n'importe qui. Le conseil qu'elle nous donne de nous considérer comme des débutants a fait disparaître l'ego chaque fois qu'il relevait la tête. Je ne suis parti qu'après avoir reçu des indications précises sur le chemin du retour. En arrivant devant le petit temple, j'ai ressenti l'envie de me reposer un moment sous le banian. Derrière les murs délabrés, il y avait un petit sanctuaire, vieux et très abîmé. Je me suis assis quelque temps sous le banian. Ce n'est qu'au lever du jour que j'ai pris conscience que j'y étais resté toute la nuit. J'ai essayé de rassembler mes souvenirs et c'est en voyant des fleurs sur mes genoux que la mémoire des événements de la nuit m'est progressivement revenue...

Tandis que j'étais assis sous le banyan, il s'était mis à pleuvoir. Le vent qui accompagnait la pluie faisait tomber des fleurs sur moi. J'avais essayé de me relever mais cela m'était impossible. Je ne pouvais même pas bouger ! J'étais très angoissé. Soudain un parfum de jasmin avait rempli l'atmosphère. J'ai tout de suite su quelles étaient les mains qui me caressaient. Une présence qui échappait au clair de lune m'a transporté dans le royaume de la félicité divine. C'était l'un de ces rares moments où le temps cesse d'exister. En me réveillant, je me suis mis à sangloter comme un enfant. Quand on a goûté à l'amour de la Mère universelle, on ne peut plus ensuite s'attacher à quoi que ce soit d'autre. J'ai compris que ma chute dans la rizière et l'expérience divine qui avait suivi n'étaient dues qu'à la grâce de *Jagadishwari*, la Déesse de l'Univers. Sous le banian, je ressentais la même paix qu'à côté d'Amma. Les yeux pleins de larmes, je me suis rappelé qu'« Amma ne se limite pas à ce corps. »

Mises à l'épreuve de Dieu

8

Beaucoup de personnes ne comprenaient pas vraiment ce qu'était le *bhava darshan* d'Amma. La plupart des gens croyaient que, dans ces moments-là, Amma était possédée par l'esprit de Krishna ou celui de Devi. Personnellement, j'en doutais. Krishna ou Devi possédant le corps de quelqu'un ? Allons donc ! Pour moi, chercher Dieu signifiait lutter contre les croyances aveugles !

J'ai commencé à observer Amma de très près pendant les *bhava darshans*. Les pures merveilles auxquelles j'assistais m'ont confondu et ont eu raison de mes résistances intellectuelles. J'ai été subjugué par la perfection et la spontanéité des moindres mouvements d'Amma. Qu'était-ce exactement qu'un *bhava darshan* ? Qu'arrivait-il à Amma dans ces moments-là ?

Ce qui fait la divinité d'Amma c'est la plénitude de ses *bhavas*. Quand elle est d'humeur maternelle, elle se fait mère affectueuse. Quand elle assume le *guru bhava*, elle devient un maître sévère. En *Krishna bhava*, elle est l'enfant chéri d'Ambadi[1] qui amuse tout le monde avec ses farces et en *Devi bhava*, elle est *Parashakti*, la Mère de l'Univers. Seul Dieu peut manifester totalement chacun de ces différents *bhavas*. On ne trouvera jamais une telle perfection dans les actes humains par nature limités et entachés d'artifice.

Quand j'étais écolier, j'étais allé écouter un récital de flûte qui m'avait complètement captivé. Je voulais à tout prix apprendre à

---

[1] Le lieu où a grandi Krishna

jouer de la flûte mais mon père ne voyait pas cela d'un bon œil car il désapprouvait tout ce qui pouvait me détourner de mes études.

Un jour, dans un temple voisin, à l'occasion d'une fête religieuse, j'ai vu un homme jouer de la flûte. Il jouait merveilleusement bien. A côté de lui, il y avait des flûtes à vendre. J'en ai acheté une et j'ai essayé d'apprendre à jouer tout seul, mais je me suis rendu compte que c'était trop difficile et qu'il me fallait suivre des cours avec un maître. J'ai confié mon problème à ma grand-mère.

Elle m'a conseillé de prier le Seigneur Krishna, le meilleur flûtiste de tous les temps, ajoutant qu'il me suffirait de m'en remettre à lui. Elle m'a assuré que Krishna allait m'apprendre à jouer de la flûte et je l'ai crue. Je me suis rendu dans un temple de Krishna et j'ai prié le Seigneur d'être mon professeur. Mes prières ont été exaucées. J'ai réussi à jouer quelques mélodies simples en un rien de temps. J'étais au septième ciel !

J'ai décidé de mettre Amma à l'épreuve : savait-elle que Krishna m'avait fait le cadeau de m'apprendre à jouer de la flûte ? Un jour, pendant le *Krishna bhava,* j'ai apporté ma flûte au *Kalari.* Elle était enveloppée dans du papier. J'ai montré le paquet à Amma et lui ai demandé si elle pouvait me dire ce qu'il y avait dedans. Elle s'est mise à rire et m'a répondu : « C'est plutôt à toi de me dire ce que c'est mon fils ! »

« Je sais ce que c'est, ai-je répliqué, c'est moi qui l'ai emballé. Je veux qu'Amma me dise ce que c'est. »

En guise de réponse, Amma s'est contentée de rire. Finalement, elle m'a obligé à lui dire ce que contenait le paquet. Persuadé qu'elle ignorait la réponse, je lui ai appris que c'était une flûte. Elle a répliqué : « Non mon fils, il n'y a pas de flûte là-dedans, il y a des bâtons d'encens dans une boîte cylindrique ! »

« Amma tu te trompes ! »

En jubilant, je lui ai déclaré que c'était ma flûte et que je l'avais emballée moi-même. Elle m'a alors demandé d'ouvrir le paquet. Ce que j'ai fait sous les regards impatients de l'assemblée. Et, médusé, j'ai vu qu'il s'agissait bien d'une boîte de bâtons d'encens ! Je ne pouvais en croire mes yeux. Comment était-ce possible ?

« Amma, es-tu magicienne ? Tu as changé ma flûte en bâtons d'encens ! » Il n'était plus question de tester Amma mais de récupérer ma flûte. Je lui ai demandé : « Amma, où est ma flûte ? »

« Je ne sais pas, n'est-ce pas toi qui l'a empaquetée ? »

Incapable de répondre à sa question, je suis resté muet. Quelques instants plus tard, Amma m'a dit : « Elle est chez toi, dans la salle de *pouja*, derrière le portrait de Krishna. »

Je suis immédiatement retourné à la maison et je suis allé dans la salle de *pouja* à la recherche de ma flûte. Elle était à l'endroit exact qu'avait décrit Amma. Comment était-elle arrivée là ? J'étais stupéfait ! J'ai décidé de me remémorer tous les événements de la journée dans leur ordre chronologique pour tenter d'élucider cette énigme.

Ce jour-là, ma mère m'avait appelé juste au moment où je m'apprêtais à quitter la maison : « Viens manger quelque chose avant de partir. »

Je n'avais pas faim car il était encore tôt. Cependant, sur l'insistance de ma mère, j'étais allé prendre mon petit déjeuner dans la cuisine et j'avais laissé ma flûte, déjà empaquetée, sur la table du salon. Entre temps, mon père était rentré à la maison avec des bâtons d'encens contenus dans un étui cylindrique, enroulés dans du papier. Voulant se laver les pieds avant de pénétrer dans la salle de *pouja,* il avait déposé le paquet sur la table et, en sortant de la salle de bains, il avait pris par mégarde le paquet qui contenait la flûte et l'avait rangé à la place où il mettait habituellement l'encens, derrière le tableau de Krishna. Quand je suis sorti de la cuisine, j'ai pris le paquet posé sur la table en croyant qu'il s'agissait de ma flûte avec laquelle je voulais tester Amma et je me suis dépêché d'aller à l'arrêt de bus. Je ne savais pas que la facétieuse Amma avait interverti les deux paquets pour me jouer un bon tour. J'ai retrouvé ma flûte avec plaisir mais je me suis aussi rendu compte que j'étais extrêmement heureux de m'avouer vaincu devant quelqu'un que j'aimais.

Le Mahabharata raconte une anecdote qui eut lieu pendant les années d'exil des Pandavas à l'occasion d'une visite du Seigneur Krishna. Krishna était allongé sur le sol, la tête sur la poitrine d'Arjuna et il se mit à bavarder avec lui :

« Arjuna, vois-tu le corbeau là-bas ?

— Oui, Seigneur, je le vois, répondit Arjuna après avoir regardé attentivement.

— Je crois que c'est un coucou, dit alors Krishna.

— Oui c'est vrai, c'est un coucou.

— Arjuna, répliqua le Seigneur, ce n'est pas un coucou, c'est un petit paon.

— Tu as raison, je vois bien que c'est un joli paonneau, continua Arjuna.

— Arjuna, en réalité, ce n'est ni un corbeau, ni un coucou, ni un paon, mais un vautour, affirma le Seigneur. Tu sais fort bien de quel oiseau il s'agit. Pourquoi acquiesces-tu donc à tout ce que je dis ?

— Seigneur, tu es tout-puissant, tu peux changer un corbeau en coucou ou un coucou en paon. Je sais que ta perception est plus juste que la mienne, » telle fut la réponse, digne d'un véritable dévot, qu'Arjuna donna au Seigneur.

C'est avec le souvenir de cette histoire que j'ai mis fin à mes velléités de tester Amma. En nous manifestant une affection débordante, Amma s'efforce de nous conduire au seuil des mystères de la vie. Elle crée des situations qui finiront un jour par nous éveiller et nous amener à ce seuil. Nous devons sans cesse chercher à élargir et à élever notre perspective spirituelle afin de pouvoir contempler Dieu. Ensuite, nous pourrons, comme Amma, chanter dans l'ivresse de la béatitude. Un *guru* de l'envergure d'Amma nous amène au but suprême en jouant le rôle d'un pont. Elle nous fait passer de la rive où nous sommes à celle de l'Immortalité. C'est pourquoi l'on dit du *guru* qu'il est plus grand que Dieu.

Un mahatma a dit : « Je peux renoncer à Dieu, mais je ne renoncerai jamais à mon *guru*. Dieu m'a donné la vie mais c'est mon *guru* qui m'a délivré du piège de Maya. »

Ceci dit, le *guru* qu'est Amma est à la fois proche et lointain. Nous pouvons ressentir l'affection maternelle qu'elle nous porte mais en même temps elle n'est pas attachée à notre personne matérielle et elle reste toujours immergée dans l'océan de la béatitude suprême. C'est en ce sens qu'on peut dire qu'elle est loin de nous. Jésus a dit : « Je suis le chemin et le but. » Quand nous aurons établi un lien avec Amma, notre *guru,* elle nous conduira au but ultime, à condition que nous l'aimions intensément. C'est cet amour qui nous guidera jusqu'au rivage éternel de l'océan de béatitude. Le *guru* nous donne la clarté de la compréhension qui illumine notre chemin. Tout ce que fait le *guru* consiste à clarifier et à restaurer notre vision divine. Grâce à cette clarté, tout devient possible.

Amma dit que, pour atteindre le but ultime, il faut une foi solide. Si nous restons avec elle, nous nous apercevrons que rien n'est impossible. Chaque individu est porteur d'une force immense car il abrite en lui le divin. Dieu est la source de notre être, mais le mental humain l'oublie. Se croyant dépourvus de cette force, les gens tentent d'acquérir une certaine puissance au moyen d'artifices tels que l'argent, le pouvoir ou la force physique. Ils sont des millions à réagir ainsi. Mais ils ne cherchent pas au bon endroit. Sans l'océan, il n'y aurait pas de vague. La vague n'est autre qu'une ondulation de l'océan. Elle est l'expression du jeu naturel et bienheureux de la mer. La vague est possédée d'une énergie puissante, mais elle n'en prend conscience qu'en s'apercevant qu'elle est une manifestation de l'océan.

Il se peut que la vague ne s'en souvienne pas. Même si elle ignore ce qu'est un océan, elle fait malgré tout partie de cet océan. Amma, océan de compassion, est ici pour nous aider à prendre conscience de notre véritable nature.

Je me souviens d'une autre anecdote qui s'est passée au cours d'un *darshan* de *Krishna bhava*. Amma donnait ces *darshans* debout, un pied posé sur un support. On voyait clairement tout son corps vibrer et les vêtements chatoyants et les bijoux, dont les dévots la paraient, miroiter. Elle jetait des regards sur le côté avec un sourire malicieux. Même sa peau virait au bleu foncé ! Elle était d'une ineffable et divine beauté. Transportés par la ferveur des chants dévotionnels, les fidèles goûtaient une joie céleste. Il était fréquent de voir des dévots éclater de rire alors qu'ils étaient arrivés au *Krishna bhava* avec le cœur lourd de chagrin. Ceux qui étaient venus avec l'intention de raconter leur peine à Amma y parvenaient rarement car Amma les gavait de morceaux de banane, ou bien elle leur versait continuellement de l'eau dans la bouche ! Ils finissaient par oublier leur chagrin et repartaient en riant. Ils n'avaient pas eu la possibilité de s'exprimer, néanmoins Amma leur avait murmuré à l'oreille la solution de leurs problèmes. Comment connaissait-elle le contenu de leur mental ? Serait-elle capable de comprendre le mien ? Peut-être ne savait-elle que les choses qu'elle avait vues de ses yeux ? J'ai décidé d'en avoir le cœur net.

Du regard et du geste, Amma offrait sa compassion à ses dévots tout émerveillés de son pouvoir à créer le paradis sur terre. Les fidèles aspiraient à être près d'elle et à l'éventer. Ils n'hésitaient pas à se battre pour ce privilège. Ce jour-là, j'ai eu l'occasion de pouvoir le faire pendant un long moment sans ressentir la moindre fatigue. Je n'avais donc aucune envie de céder l'éventail à ceux qui me le demandaient. Au cours des *Krishna bhavas*, Amma allait de temps en temps à la porte du *kalari* pour observer les dévots qui attendaient dehors. Enivrés par les *bhajans*, ils étaient en transe et se mettaient à danser quand ils apercevaient la silhouette ensorcelante d'Amma.

Amma est allée à l'entrée du *kalari* et s'est mise à contempler la foule en se balançant d'un pied sur l'autre. Les chanteurs ont redoublé d'ardeur. On aurait dit que tout le rayonnement spirituel d'Amma se concentrait sur leur visage.

J'ai regardé l'endroit qu'Amma venait de quitter. A côté du piédestal sur lequel elle posait le pied se trouvait un récipient rempli de morceaux de bananes. C'était le *prasad* qu'Amma mettait dans la bouche de ses dévots. Personne ne faisait attention à moi. Tous les regards étaient fixés sur Amma. J'ai saisi un morceau de banane et l'ai fourré dans ma bouche. Amma était toujours en train de regarder les fidèles dehors. Je voulais savoir si elle saurait ce que j'avais fait. Dix minutes plus tard, Amma est retournée à sa place à côté du piédestal. J'avais eu le temps d'avaler la banane. Amma m'a regardé en souriant puis elle a dit aux fidèles qui l'entouraient : « Faites attention, il y a un voleur ici ! »

Seuls Amma et moi pouvions comprendre le sens de sa phrase. Amma a pris l'un des châles qu'elle portait, elle m'a ligoté les mains de l'une des extrémités et elle a attaché l'autre bout à sa ceinture. Plusieurs heures se sont écoulées. Comme il y avait beaucoup de monde, le *darshan* a duré longtemps. Une fois celui-ci terminé, Amma m'a murmuré à l'oreille : « Fils, Amma est au courant de ton larcin. »

« Maintenant, je sais qu'Amma a des yeux derrière la tête ! » Ma réplique a fait sourire Amma. Elle m'a détaché les mains. Mais mon âme, elle, est restée attachée à elle à tout jamais par la corde de l'amour et ce lien-là ne se desserrera jamais.

La douceur
de la mort

9

Tout le monde a peur de la mort. Le désir de rester en vie est présent chez tous les êtres vivants avec la même intensité. La mort est une expérience divine. Elle devient souvent notre *guru.* C'est en apprenant que son heure était venue que le roi Parikshit a enfin connu le détachement. C'est grâce à son questionnement sur la mort que le prince Siddharta est devenu le Bouddha.

En vérité, ne peuvent goûter la mort que ceux qui ont accompli de bonnes actions et mené une vie pure. Grâce à Amma, j'ai vécu une expérience qui m'a révélé les grands secrets de la mort.

Après ma rencontre avec Amma, je me précipitais à Vallickavu à la fin de chaque semaine de cours. Le lundi matin, sur l'ordre d'Amma, je retournais à l'université. Un lundi, alors que je venais lui dire au revoir, elle m'a dit de ne pas partir. J'étais on ne peut plus heureux ! J'allais pouvoir passer toute la journée auprès d'Amma.

Après m'avoir elle-même préparé un repas, elle m'a fait asseoir près d'elle et a médité longuement. J'ai compris plus tard que, en fait, elle me préparait à une nouvelle naissance.

Le soir, après les *bhajans,* alors que j'étais en train de discuter avec Balagopal (Swami Amritasvarupananda Puri) derrière le *kalari,* un serpent m'a mordu la jambe. La blessure s'est mise à saigner. Stupéfaits, nous ne savions pas quoi faire. Je me suis assis lentement. Soudain, Amma est apparue comme par magie. Elle a sucé le sang qui suintait de la morsure.

Ensuite, elle est allée chercher de l'eau consacrée au *kalari* et après avoir récité quelques mantras elle m'a demandé de la boire à petites gorgées. La douleur a empiré à tel point que je pouvais à peine rester assis. Amma m'a fait allonger avec la tête sur ses genoux et elle s'est mise à méditer. Je sentais mes bras et mes jambes s'engourdir et ma respiration se ralentir. Dans les bras d'Amma, je m'apprêtais à affronter la mort qui arrivait tout d'un coup. N'était-ce pas merveilleux de mourir dans ses bras ?

La conscience se détachait du corps fait des cinq éléments et m'emmenait dans une autre dimension. Je voyais mon corps inerte allongé sur les genoux d'Amma. Même le processus de la mort devenait une expérience délectable. C'est ce qui se passe quand on est en présence d'un mahatma.

Les personnes réunies autour de moi ne savaient que faire. Des voisins ont insisté pour me faire consulter un guérisseur spécialisé dans les morsures de serpents. Sans en demander la permission à Amma qui était en pleine méditation, ils m'ont emmené chez lui. Il a dit que c'était trop tard et qu'il ne pouvait rien faire. Les voisins m'ont ramené près d'Amma. Elle méditait toujours.

A l'aube, j'ai ouvert les yeux. Je n'avais plus du tout mal à la jambe. J'avais l'impression d'avoir rêvé. Je ne ressentais pas la moindre fatigue. Le lendemain, j'ai posé la question suivante à Amma : « Pourquoi cela est-il arrivé ? De plus, pourquoi cela s'est-il passé en présence d'Amma ? »

Elle a froissé un bout de papier qu'elle avait dans la main pour en faire une boule et l'a lancé en l'air. Puis elle l'a rattrapé de l'autre main en disant : « Si l'on jette un objet en l'air, il retombe par terre. C'est une loi de la nature. Mais on peut l'intercepter avec l'autre main pour arrêter sa chute. Les prières et les bonnes actions peuvent atténuer les conséquences du karma. On n'est pas obligé d'être l'esclave de son destin. Cela te serait arrivé n'importe où. Amma savait qu'ici tu n'aurais pas peur. C'est pourquoi elle t'a dit de ne pas aller à l'université aujourd'hui. »

Quand je suis retourné chez moi j'ai regardé mon horoscope. A mon grand étonnement, car je ne croyais pas à l'astrologie, j'ai vu qu'il y avait une forte probabilité pour que je sois mordu par un serpent dans ma vingt et unième année et que ma vie soit menacée. L'astrologue avait conseillé que je fasse des offrandes et des *poujas* dans plusieurs temples pour me protéger de ce destin funeste. Le thème s'arrêtait là. Il était simplement noté que je ne vivrais probablement pas au-delà de cette année-ci.

Cet événement m'a ouvert les yeux sur le pouvoir du *sankalpa* des mahatmas qui dépasse même celui du destin. Ce qui aurait pu être un drame s'est avéré une bénédiction car, grâce à cette aventure, j'ai obtenu la permission de mes parents de consacrer ma vie à la spiritualité.

C'est tous les jours Onam !

10

Le simple fait d'entendre prononcer le mot « Onam »[1] réjouit le cœur de tout habitant du Kerala. C'est la période de l'année où tout le monde oublie ses chagrins. Pendant ces dix jours de fêtes, on se souvient avec nostalgie de cet âge d'or où régnait l'égalité.

Enfant, j'ai souvent souhaité que ce soit tous les jours Onam. Les gens sont tellement heureux à ce moment-là ! Il y a beaucoup de manifestations d'amour et d'entraide ! Voir leur joie pendant Onam atténuait la douleur que j'éprouvais devant leur souffrance habituelle. J'ai appris un jour avec stupéfaction qu'il y avait eu une époque où les gens vivaient en permanence dans cette ambiance d'Onam. Que s'était-t-il passé ? Qui était responsable de cette décadence ? J'ai cherché à le savoir et j'ai découvert que c'était le dieu Vishnou lui-même ! Dans mon livre de lecture, j'étais alors en 2ème année d'école primaire, j'ai vu une représentation de Vamana avec le pied posé sur la tête de Mahabali et cela m'a mis en colère contre Vishnou ! Car c'est quand il a exilé Mahabali que tous les problèmes ont commencé ! Il m'a fallu bien longtemps avant de prendre conscience qu'il était possible de recréer l'atmosphère d'Onam, même sans Mahabali.

En présence d'Amma, la Mère de l'univers, c'est tous les jours Onam. Les gens oublient les différences de castes et de religions. Les ennemis deviennent amis. Nulle part ailleurs on

---

[1] Voir glossaire.

75

ne voit ensemble, riches et pauvres, instruits et illettrés, oublier toute notion de différence pour n'être plus que des enfants chéris d'Amma réunis autour d'elle.

Le souvenir du premier Onam qui a suivi ma rencontre avec Amma est toujours vivace. La veille, après le *darshan,* alors que nous étions un petit groupe réuni autour d'elle, Amma nous avait dit : « Mes enfants, demain c'est Onam. Il faut que vous veniez. »

Etant donné que c'était Onam, mes parents m'ont interdit de partir avant d'avoir partagé le repas traditionnel. A cette époque, ma famille n'était pas encore proche d'Amma. Amma nous avait demandé de venir manger avec elle mais comment faire pour m'en aller ? Le temps que le repas soit prêt, il était déjà onze heures et demie. Dès la fin du repas, je suis parti pour Vallickavu. Les bus étaient bondés et ne s'arrêtaient même pas. J'ai dû attendre très longtemps avant de réussir à monter dans un bus qui allait directement à Vallickavu. Je suis arrivé à trois heures et demie, j'ai traversé la lagune et me suis précipité vers le *kalari.* Je n'oublierai jamais la scène poignante qui m'attendait.

Amma était allongée à même le sol et elle dormait. Il y avait un feu près d'elle. Sur les pierres était posé un récipient de terre qui contenait du *chempu*[2]. Des corbeaux piochaient des morceaux dans la gamelle pour les manger. Sur le sol se trouvaient éparpillés des bouts de légumes qu'ils avaient fait tomber. Je ne comprenais rien. Je restais pétrifié comme une statue. Puis, je me suis lentement approché d'Amma et je me suis assis à côté d'elle. L'aigle qui ne quittait jamais l'ashram montait la garde.

Amma nous a expliqué un peu plus tard ce qui s'était passé. « Comme Amma avait dit à ses enfants de venir, elle se demandait ce qu'elle allait leur donner à manger. Elle ne voulait rien demander à sa famille. Elle a donc construit un foyer dehors, elle est allée ramasser des *chempus* dans le jardin potager et les a mis

---

[2] Colocasia, une sorte de tubercule

dans une gamelle pour les faire bouillir. Quand les légumes ont été cuits à point, Amma a éteint le feu et posé un couvercle sur la casserole. Puis elle a attendu que vous arriviez. Elle allait vous guetter à la jetée toutes les cinq minutes. Amma non plus n'a pas mangé. Les heures ont passé, Amma s'est allongée sur le sol et elle s'est dit qu'elle avait peut-être fait une erreur en invitant ses enfants car, à cause d'Onam, leurs familles ne les laisseraient pas venir. »

Au même moment, un corbeau a attrapé un morceau de *chempu* cuit et s'est envolé. Amma a bondi sur ses pieds. Quelques morceaux étaient tombés du récipient et d'autres corbeaux s'apprêtaient à les manger. « Que vais-je donner à mes enfants maintenant ? » Amma était triste. Elle a chassé les corbeaux sans conviction, puis elle s'est dit : « Eux aussi sont mes enfants, laissons-les manger. » Elle s'est allongée de nouveau.

Certains de ses enfants sont arrivés un peu plus tard. Ils avaient tous apporté quelque chose pour Amma. Elle s'est précipitée vers eux et les a fait asseoir autour d'elle. Elle a ouvert les cadeaux et distribué des gâteaux de banane au sucre de canne et autres confiseries. Amma souriait à tout le monde, elle avait les yeux brillants de larmes. Son sourire innocent nous a tous fait pleurer.

Les années qui ont suivi, nous avons toujours mangé le repas d'Onam en compagnie d'Amma. Nous allions dans notre famille mais nous revenions dans l'après-midi pour partager le repas de fête avec Amma !

Aujourd'hui, personne dans l'entourage d'Amma n'attache d'importance à Onam car c'est tous les jours Onam ! Comment peut-on être malheureux en présence d'Amma ? Le chagrin de ceux qui ont pris refuge auprès d'Amma, pleine de grâces, fond comme neige au soleil.

Message du
soleil levant

11

La majesté des étoiles commençait à décliner. Partout la nature se préparait à accueillir l'aube. Les reines de la nuit au somptueux scintillement étaient sur le point de disparaître.

Un yogi était absorbé dans sa pratique. En entendant les cantiques fervents des oiseaux, il a ouvert les yeux. Il faisait presque jour. Il ne restait plus qu'une seule étoile dans le ciel. Elle scintillerait encore un peu avant de s'éteindre à son tour. Un doux sourire est apparu sur les lèvres du yogi.

La nature nous fait prendre conscience de l'impermanence du monde. Nous ne pouvons compter sur rien. Nous ne pouvons nous accrocher à rien. Ceux qui ont saisi la nature éphémère du monde cherchent à tout prix à se libérer de cet esclavage. Ils font progressivement l'expérience du divin et finissent par se fondre dans l'océan du Brahman.

A notre époque, les gens sont toujours pressés. Beaucoup passent leur vie à courir ! Quand nous nous rendons compte que rien de ce que nous avons recherché n'est permanent, il est trop tard. Tout ce que nous avons accumulé au cours de l'existence se révèle source de souffrance. Nous ne cessons pas pour autant de nourrir des attentes. Ce n'est qu'après avoir obtenu tout ce que nous désirions que nous nous apercevons que, à part un sentiment d'insatisfaction, nous n'avons rien gagné du tout.

Quand on ne sait pas jouer de la *vina*[1], on fait des fausses notes. De même, quand on ne sait pas comment vivre, on se sent mal à l'aise. Pour créer une mélodie éternelle il faut la main de Dieu. La musique de l'âme donne naissance à de célestes mélodies (*raga*) et rythmes (*tala*). Pour que la *vina* de notre vie n'ait pas été créée en vain, il faut d'abord apprendre à s'en servir. Ce n'est pas avec l'intellect que le musicien joue de la vina, mais avec le cœur et les doigts ! Le cœur peut appréhender des vérités inaccessibles à l'intellect. C'est une expérience divine à laquelle seul un cœur pur peut prétendre.

Amma avait l'habitude de dire : « Mes enfants, chaque moment de l'existence est précieux. Une seconde est plus précieuse qu'un million de roupies. Contrairement à l'argent, le temps perdu ne se rattrape jamais. »

Un *brahmachari* avait été envoyé à Kayamkulam pour faire des courses. Une fois ses emplettes terminées, comme il avait vainement attendu un bus pour rentrer, il était revenu en taxi. Il a expliqué les faits à Amma et elle lui a demandé : « Fils, pourquoi as-tu dépensé de l'argent sans raison ? Tu aurais pu rentrer en bus, même tard. »

Le *brahmachari* a humblement répondu : « Amma, tu nous dis qu'il vaut mieux perdre un million de roupies qu'une seule seconde. J'avais déjà perdu une heure à attendre le bus quand j'ai décidé de prendre un taxi. »

Amma a répliqué : « Pourquoi dis-tu que cela aurait été une perte de temps ? Tu aurais pu réciter ton mantra ou nettoyer l'arrêt de bus en l'attendant ! Le pire c'est de laisser le mental vagabonder. Un mental qui a pris cette habitude s'éloigne de Dieu. Ne laisse jamais ton mental s'amuser. »

Peu de temps après ma rencontre d'Amma, j'ai entendu une fois certains de ses fidèles se plaindre de nous : « Amma,

---

[1] Instrument de musique.

pourquoi montres-tu tant d'affection à ces étudiants ? » Ils étaient contrariés de la voir nous manifester une tendresse de mère. Tout le monde désire l'amour d'Amma. Tous les êtres, inanimés et animés, meurent d'envie de recevoir ses caresses. J'ai même vu des oiseaux et des animaux se disputer l'affection d'Amma, sans parler des êtres humains ! Tout le monde est attiré par les sages qui connaissent la Vérité. C'est plus fort que nous, nous souhaitons son attention : « Si seulement Amma regardait de mon côté…Si seulement elle me faisait un sourire…Je voudrais bien qu'elle me dise quelque chose…qu'elle vienne près de moi… » Amma nous ligote tous avec la corde de l'amour.

« Ces étudiants ne valent rien,» venaient-ils de répéter une fois de plus à Amma. A peine avaient-ils énoncé le premier mot de leurs griefs que l'amour qui se lisait sur le visage d'Amma s'est intensifié. Nous avons alors compris que ces critiques et ces railleries devenaient une bénédiction. « Amma, pourquoi passes-tu autant de temps avec eux ? » La question l'a fait sourire. Déroutés, ils lui ont demandé pourquoi elle souriait ainsi.

« Que pourrais-je bien faire d'autre ? Si l'on demande à un médecin pourquoi il perd son temps à voir les malades qui viennent à l'hôpital au lieu de se consacrer aux bien portants, que répondra-t-il ? Il ne pourra s'empêcher de sourire. Les gens en bonne santé n'ont pas besoin qu'on les soigne. » Pour finir de rassurer ceux qui se plaignaient, elle a ajouté : « Tranquillisez-vous, mes enfants. Je leur ferai payer le prix du temps que je passe avec eux sans oublier les intérêts. »

Rassérénés, ils sont venus nous répéter les paroles d'Amma : « Amma a dit qu'elle exigerait une rémunération et des intérêts pour le temps qu'elle passe avec vous. » « Quel intérêt ? » leur ai-je demandé, incrédule, avant d'éclater de rire. Plus tard, en y réfléchissant, j'ai compris ce qu'Amma voulait dire.

Si je passe du temps avec eux, je leur en ferai payer le prix et j'exigerai des intérêts. Même les râleurs n'auraient pas imaginé que les intérêts seraient si élevés et que nous aurions à engager notre vie-même. C'est ainsi qu'agit un *guru*. Le disciple comprend qu'en vérité ce qu'il offre au *guru* n'est rien comparé à l'amour et au sacrifice de ce dernier. Quand un propriétaire est incapable de payer les traites de la maison qu'il a achetée à crédit il autorise la banque à la lui confisquer. Le disciple s'abandonne à son *guru* de la même manière sauf que, au lieu de pleurer de désespoir comme le propriétaire malheureux, il verse des larmes de joie. Il s'aperçoit que rien de ce qu'il a acquis n'a réellement de valeur et qu'il ne peut compter sur personne. Quand il prend conscience de son impuissance, le disciple prend refuge aux pieds du *guru*. Il lui abandonne sa vie-même et cela le remplit de félicité.

Vamana est l'exemple même du *guru*. En deux pas, il a couvert les mondes gouvernés par le roi Mahabali. Le *guru* prend sur lui tout le *prarabdha* (le poids du karma) du disciple quand celui-ci lui offre son ego. L'histoire du sacrifice de Mahabali a été immortalisée. Il n'y a pas de plus grand sacrifice que d'offrir son ego à Dieu, comme Mahabali l'a fait.

Lorsque le disciple se fond dans la conscience infinie, il ne fait plus qu'un avec le *guru*. Il ressent alors la félicité sacrée qui naît de cette expérience, précieuse et ineffable, de lâcher prise. Quand on renonce à son individualité, il n'est plus nécessaire de vivre dans le monde. On vit désormais dans le monde du *guru*. Il est le garde de ce royaume. Le seigneur Vishnou est le protecteur de Mahabali. Cette sécurité-là est bien plus digne de confiance que toute autre. C'est cela qu'apporte la présence du *guru*. Y a-t-il quelque chose de plus précieux que la protection du Seigneur ? C'est cette protection qu'a reçue Mahabali. Quand le plus noble des disciples est prêt à remettre sa vie entière aux pieds sacrés de son *guru,* celui-ci pose les pieds sur sa tête. En piétinant l'ego du disciple, le *guru* éveille la conscience du Soi.

Le *guru* est capable, comme le jardinier, de percevoir l'arbre gigantesque au sein de la graine. Pour lui, aucune graine n'est stérile. Le jardinier voit déjà les fleurs qui pousseront sur cet arbre et les fruits qu'elles donneront. Il en va de même pour le *guru* : rien n'est insignifiant. Partout et en toute chose, il ne voit que des vibrations de la conscience infinie. Dans l'objet qu'il travaille, un sculpteur ne voit pas une pierre mais l'effigie d'une divinité. Le *guru* accepte de prendre le fardeau karmique des disciples qui s'abandonnent à lui. Il les guide vers la liberté éternelle.

Le *guru* voit le potentiel infini qui est en nous. Il nous fait passer d'une foi aveugle à la confiance dans le Soi, autrement dit à la foi dans le Soi. Le *guru* donne à son disciple dévotion et foi, les deux ailes qui lui permettront de quitter le monde des objets éphémères et de s'envoler vers les cieux de l'Immortalité.

Quand on est soulagé du fardeau de l'ego, il est facile de prendre son essor pour s'élever vers les hauteurs célestes. Et pour faire ce voyage sans effort vers le monde du Soi, il est nécessaire de s'abandonner au Seigneur.

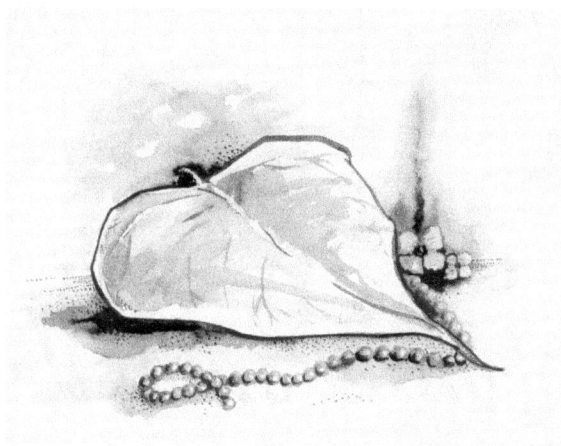

Leçons d'oubli de soi

12

Les expériences qui ont suivi ma rencontre avec Amma ont radicalement changé ma vie. Comme je pensais à elle sans arrêt, il m'était facile d'oublier tout le reste, ce qui, d'ailleurs, n'a pas été sans créer quelques problèmes. Néanmoins, cela me procurait un sentiment de félicité infinie. De toute manière, n'est-ce pas pour oublier tout ce qui n'est pas le Soi que nous méditons, récitons notre mantra ou faisons des *poujas* ? C'est lorsque nous avons tout oublié ou que nous sommes en sa présence que Dieu apparaît dans notre cœur. C'est ce qui m'est arrivé.

« Comment un jeune homme aussi instruit que toi peut-il avoir une foi si aveugle ? Tu perds la tête ! » J'arrivais à garder le sourire malgré les doutes et les railleries de mes amis. Comment peut-on qualifier une expérience de croyance aveugle ? Je ne me donnais pas la peine de le leur expliquer. En fait, l'extase divine qu'Amma m'avait insufflée m'avait ôté toute envie de chercher à avoir raison.

L'université ayant fermé ses portes pour les vacances d'été, nous avions désormais la possibilité de rendre visite à Amma tous les jours. La plupart du temps, Balagopal et moi allions voir Amma ensemble. Le père d'Amma n'appréciait pas la présence prolongée d'étrangers dans sa maison. Il n'y avait pas encore d'ashram à cette époque. Néanmoins, nous arrivions à passer toute la journée avec Amma et la nuit venue, nous allions au temple d'Ochira pour méditer sous les arbres et dormir à la belle étoile. Plus nous étions proches d'Amma, plus les obstacles semblaient se multiplier.

En ce temps-là, Amma avait davantage d'enfants mariés que de disciples monastiques. Chacun de ces dévots mariés voulait qu'Amma lui montre une affection et un amour particuliers, ce qui donnait lieu à une compétition serrée. Certains d'entre eux voyaient d'un mauvais œil notre assiduité croissante à fréquenter l'ashram. Nous étions tout le temps ensemble. Nous allions au *darshan* ensemble, nous chantions des chants dévotionnels ensemble et nous méditions ensemble. Amma nous appelait les jumeaux. Quand nous allions voir Amma, elle passait davantage de temps avec nous qu'avec les autres et certains dévots mariés en ont conçu un ressentiment dont nous n'avions pas conscience. Croyant qu'Amma nous préférait à eux et qu'elle les délaissait, ils se sont mis à accumuler de la rancune à notre égard.

Un jour, ils sont tous venus se plaindre à Amma en ces termes : « Depuis que ces étudiants viennent ici, la « petite » ne fait plus autant attention à nous. » A cette époque, les dévots donnaient divers noms à Amma : la « petite », « Amma » ou « petite Ammachi ». Elle se conduisait parfois comme une enfant. A d'autres moments, elle incarnait la Mère Divine ou Devi. Chacun interprétait à sa manière les jeux divins de la mère universelle. « Ce n'est pas la dévotion qui les amène ici, disaient-ils, ils veulent l'amour de « la petite ». » Ils ont même été jusqu'à affirmer que nous simulions la dévotion et à lui dire d'arrêter de nous accorder une importance injustifiée.

A partir de ce jour-là, Amma a cessé de nous parler. Elle ne nous regardait même plus, y compris quand nous nous prosternions devant elle. Elle regardait ailleurs ou gardait les yeux fermés. De plus, elle appelait près d'elle d'autres personnes et bavardaient avec elles. Cela a duré plusieurs jours. Les dévots mariés étaient ravis. Amma nous ignorait même pendant les *bhava darshans*. Elle ne nous accordait plus ni une parole, ni un sourire, ni un regard. Ne comprenant pas la raison de cette attitude, nous étions complètement bouleversés. Auparavant, Amma elle-même, insistait pour nous donner à manger quand nous arrivions car nous étions souvent à jeun. Maintenant, plus personne ne se souciait de nous. Nous en étions réduits à nous passer de nourriture. Amma nous traitait avec tant de froideur que nous étions désespérés. Nous avions l'impression de devenir fous ! Nous en avons perdu l'appétit et le sommeil. Plusieurs jours se sont écoulés ainsi. Nous restions dans notre coin à pleurer. Personne ne faisait attention à nous. Cependant, nous étions incapables de rester éloignés d'Amma et nous continuions de venir la voir.

Un jour, quand nous sommes arrivés à l'ashram, nous avons trouvé Amma assise sous les arbres devant le *kalari*, entourée de fidèles. Tout le monde se tordait de rire devant les singeries qu'elle effectuait. Nous avons observé la scène de loin, immobiles comme des statues, pétrifiés. Puis, nous nous sommes lentement approchés, nous nous sommes prosternés devant elle avant de pénétrer dans le *kalari* et de fermer la porte derrière nous. Même les pleurs qui coulaient sur nos joues étaient pleins d'amour pour Amma.

Soudain, la porte s'est ouverte et Amma est entrée. Elle nous a enlacés, les yeux pleins de larmes. Nous sommes restés muets tous les trois. C'est à ce moment-là que j'ai pris conscience que le silence est beaucoup plus puissant que les mots. Un long moment s'est écoulé avant qu'Amma ne brise le silence : « Êtes-vous fâchés contre Amma mes enfants ? Si Amma a agi ainsi, ce n'est pas pour le plaisir de vous faire souffrir mais pour montrer aux autres votre degré d'acceptation. Votre chagrin brisait le cœur d'Amma. Il y a des gens qui croient que vous ne venez ici que pour recevoir l'affection qu'Amma vous témoigne. Ils prétendent que vous n'avez ni dévotion ni foi. Amma n'avait pas d'autre moyen de leur prouver votre innocence. Amma savait que, aussi cruelle qu'elle se montre, vous continueriez de venir. En revanche, il suffit que je ne parle pas d'une journée à certains d'entre eux pour qu'ils ne reviennent plus. » Les dévots entendaient tout ce qu'Amma disait. Il lui fallait agir comme une enfant face à ceux qui l'appelaient « la petite ». J'ai compris alors que chacune des attitudes qu'adopte Amma est uniquement destinée à notre bien. Elle a encore renforcé notre conviction que, entre ses mains, nous sommes pour toujours en sécurité. Dès lors, les dévots jaloux ont dû quitter Amma.

Amma disait volontiers : « Ceux qui manquent de pureté mentale ne peuvent rester ici bien longtemps. Cette terre est imprégnée des larmes d'Amma. Même les grains de sable sont chargés de l'énergie des mantras. C'est un lieu d'action désintéressée. C'est une terre pour les cœurs purs, un sanctuaire pour les affligés. Ce n'est pas un endroit pour nourrir l'ego. Quiconque entrave les efforts de ceux qui cherchent à maintenir cette pureté devra s'en aller. »

Nous nous sommes aperçus après coup que ces paroles d'Amma étaient vraies au sens littéral du terme. Oublions l'égoïsme et cherchons l'unité. Au moins en présence des mahatmas, comportons-nous comme des frères réunis autour de leur mère. Il faut peu à peu se rendre compte que la famille d'Amma s'est étendue au monde entier. Quand notre cœur sera capable de voir que nous ne faisons qu'un avec l'univers et de l'aimer, la grâce d'Amma, telle une rivière, nous emportera jusqu'à l'océan de *sat-cit-ananda* (connaissance, existence, béatitude).

Le cœur d'un athée
se transforme

13

Autour de nous, il y a des gens qui se moquent des grands *gurus* et qui, par dérision, les traitent de « dieux humains ». Ceux qui savent que tout est divin ne s'arrêtent pas à l'apparence humaine, ils voient Dieu en tout. Ils perçoivent l'énergie divine qui vibre dans chaque créature animée ou inanimée, dans l'infiniment petit et l'infiniment grand, dans l'arbre et dans le serpent venimeux. Pour eux, le cosmos tout entier est Dieu. Dans cet état de conscience, il n'y a plus ni goutte d'eau ni vaste océan. Le connaisseur, l'objet connu et la connaissance se dissolvent dans l'océan de Brahman. Les sages qui ont réalisé qu'ils sont la conscience, le témoin qui réside en toute chose, ne s'identifient plus au corps. Les autres personnes pensent avoir un corps. Les fidèles de Krishna croyaient qu'il était une incarnation divine. Mais le Seigneur se savait omniprésent, quand bien même il utilisait son corps bleu sombre dans ses jeux divins. Les limitations du corps humain ne diminuent en rien l'omniprésence d'un mahatma. Les gens ordinaires ne peuvent même pas imaginer quelle est l'expérience des sages qui connaissent la Vérité. Pourtant, certains d'entre eux se permettent de juger les *jnanis* à l'aune de leur intellect limité. Dieu étant l'essence de notre propre Soi, on ne peut l'appréhender par l'érudition.

Un jour, dans mon *purvashram*, j'ai rencontré des membres de ma famille venus du nord du Kerala pour nous rendre visite. L'un d'eux était un athée convaincu et un fervent admirateur de Karl marx. Il m'a longuement parlé du communisme et de la pensée rationnelle. Quand il s'est mis à critiquer Amma, j'ai protesté mais, incapable de trouver les mots pour témoigner de mon expérience, je me suis empêtré dans mes explications. J'avais à peine appris le B.A.BA de la spiritualité. En dépit de mes efforts pour lui décrire l'ivresse que procure l'amour divin et la révolution qu'il provoque dans la vision que l'on a de l'existence, je n'ai pas réussi à le convaincre. Il s'est mis à déprécier mes paroles et à tourner en dérision les « dieux humains ».

Malgré tous mes efforts pour parler d'Amma, je n'étais pas satisfait. J'ai fini par prier Amma : « Ô Mère, je suis incapable de faire l'éloge de ta gloire infinie. Daigne, je t'en prie, faire comprendre ta grandeur à cet homme. »

Quand j'ai vu Amma, je lui ai rappelé ce qui s'était passé. Sans la moindre hésitation, je lui ai dit qu'elle devait le punir. Mes paroles ont bien fait rire Amma. Puis elle m'a dit ceci : « Une punition de Dieu se mérite. Il faut avoir accompli de bonnes actions dans des vies précédentes. Amma n'a pas l'intention de punir qui que ce soit, pas plus ceux qui ne croient pas en elle, que ceux qui se moquent d'elle. Amma s'efforce de leur faire accomplir de bonnes actions pour qu'ils s'attirent la bénédiction divine. » Ses mots m'ont éclairé sur la raison d'être de son incarnation.

J'ai oublié cet incident. Quelques mois plus tard, je suis de nouveau tombé sur lui. A ma grande surprise, il était devenu un autre homme. Il portait de la pâte de santal sur le front, des vêtements blancs et une amulette au poignet. Stupéfait de ce changement, je me suis exclamé : « Qu'est-ce que cela veut dire ? Que s'est-il passé ? »

Il m'a fait une réponse évasive accompagnée d'un timide sourire : « Oh rien de spécial. »

Je l'ai pressé de s'expliquer. Cédant à mon insistance, il s'est ouvert à moi et m'a raconté ce qui lui était arrivé quelques mois auparavant, juste après avoir critiqué Amma.

Il devait être une heure du matin. Il rentrait chez lui à pied car, de retour d'un long voyage, il avait raté le dernier bus qui partait de la ville et avait décidé de couper à travers champs. Cet itinéraire présentait quelques risques mais il le connaissait bien pour l'avoir emprunté plusieurs fois et il pensait pouvoir rentrer chez lui sans difficulté. Il faisait nuit noire. La lueur de sa lampe de poche était trop faible pour lui permettre de voir le chemin mais heureusement, la clarté de la lune s'est chargée de l'éclairer. Il lui fallait traverser un ruisseau qui bordait le chemin qu'il suivait et cet endroit était infesté de serpents venimeux. En mettant le pied dans l'eau, il a eu l'impression d'être suivi. Il s'est retourné et a vu une silhouette de femme habillée en blanc dont seul le visage était indistinct dans le noir. Il a braqué sa torche dans la direction de l'apparition mais il n'a vu personne. Il s'est dit qu'à la faveur de l'ombre, la lumière blafarde de la lune avait dû provoquer un mirage et, ainsi rassuré, il a repris son chemin. Il a alors entendu un bruit de pas derrière lui et s'est à nouveau retourné. C'était la même forme. A la lumière de sa lampe, il s'est dirigé vers elle. La silhouette a disparu pour reparaître ailleurs. Chaque fois qu'il s'approchait d'elle, elle changeait de place. Il a ainsi tourné en rond pendant un long moment sans être le moins du monde effrayé. Quand il est enfin arrivé chez lui, tout le monde dormait déjà et seule la porte de sa chambre, située au premier étage, était encore ouverte. On avait déposé dans sa chambre le livre de comptes de la section du parti politique auquel il appartenait. Il s'est assis sur une chaise décidé à y jeter un œil avant d'aller se coucher.

« C'est à ce moment-là que c'est arrivé ! » Son visage a changé d'expression, il est devenu livide de peur et ses mains se sont mises à trembler.

« Quoi donc ? Qu'est-ce qui s'est passé ? » lui ai-je demandé avec impatience. Il a continué son récit.

Il avait poussé un cri perçant qui avait réveillé toute la maisonnée et même les voisins. Tout le monde était accouru vers l'endroit d'où provenait ce hurlement. Il gisait inconscient dans sa chambre. Le livre de comptes relié en cuir qu'il tenait dans ses mains était aplati comme un *papadam*. Lui-même était allongé sur le sol tel un cadavre. On l'a ramassé et porté sur le lit. A l'aide d'une cuiller, quelqu'un lui a desserré les mâchoires et lui a versé un peu d'eau dans la bouche. Il a ouvert les yeux peu après et s'est assis lentement sur le lit. Rassemblant tout son courage, il a dit : « J'ai fait un cauchemar terrifiant. »

Au bout d'un moment, tout le monde est parti pour revenir quand il a poussé un second hurlement. Quand il a eu repris conscience, le jeune homme leur a expliqué ce qui lui était arrivé. Il était en train d'examiner le livre de comptes quand un bruit l'avait fait sursauter. Levant les yeux, il avait aperçu la femme qu'il avait rencontrée dans le champ ! Il avait hurlé et s'était évanoui. Après avoir repris ses esprits, il l'avait vue de nouveau, plus nettement cette fois. Il ne se souvenait de rien d'autre.

Au cours de la journée, il a été plusieurs fois assailli par la même angoisse sans pouvoir y échapper. Cet état a duré plusieurs jours. Il redoutait de fermer les yeux même en plein jour. Il est resté plusieurs jours sans dormir. Faute de mieux, il a fini par consulter des prêtres. Il en a vu plusieurs. Aucun n'a réussi à résoudre son problème. Finalement, il en a rencontré un, dévot de Devi, qui a tout de suite compris de quoi il retournait : « C'est tout simplement Devi qui t'apparaît, lui a-t-il dit. Ne gaspille pas ton argent à chercher plus loin. Il n'y a qu'une solution : fais des prières pour apaiser la colère de Devi. » Il a alors effectué un rituel particulier dans un temple de Devi pendant quarante et un jours et il a commencé à ressentir une certaine amélioration. Le prêtre lui a ensuite attaché une amulette autour du poignet. Chaque fois qu'il la retirait, sa situation s'aggravait à nouveau.

A la fin de son récit, je n'ai pu m'empêcher de rire. J'ai décidé de l'emmener voir Amma sur le champ. Cette fois-ci, il n'a fait aucune objection. Tandis que nous traversions la lagune de Vallickavu, des bribes de *bhajans* parvenaient du *kalari* jusqu'à nos oreilles.

La peur l'a repris dès qu'il a aperçu Amma assise dans la véranda du *kalari* et plongée dans l'extase des *bhajans*. « Qu'y a-t-il ? De quoi as-tu peur ? » lui ai-je demandé. Les lèvres tremblantes, il m'a répondu : « C'est elle que j'ai vue ! » Il s'est précipité vers Amma et est tombé à ses pieds. Il a éclaté en larmes et l'a suppliée de lui pardonner. Amma a posé la tête de l'homme sur ses genoux et a entrepris de le caresser. Elle a détaché l'amulette bénie de son poignet.

« Tu n'en as plus besoin maintenant, a-t-elle dit. Tu n'as plus rien à craindre si ce n'est ton ego. On peut surmonter la crainte grâce à la dévotion. Fils, il est criminel de détruire la foi de quelqu'un. C'est pourquoi tu dois réparer ta faute en effectuant des rituels destinés à apporter la paix aux autres. Ceux qui aiment autrui autant qu'eux-mêmes n'ont pas besoin de temple ni d'autre lieu de culte. Dieu lui-même se mettra à leur service.

Mais la plupart des gens sont incapables de travail désintéressé. Ils ne peuvent pas faire passer le service de la société avant le travail au service de leur propre famille. Seuls les mahatmas le peuvent. Ils servent tout le monde sans attendre de récompense car ils voient Dieu en toute chose. Le véritable service est l'apanage de ceux qui ont cette même vision. C'est dans les temples, dans les ashrams, dans les lieux de culte, qu'on apprend à voir Dieu en chaque être. Il est vital pour les gens ordinaires d'avoir foi en Dieu et de le vénérer car c'est ce qui leur permet d'ouvrir leur cœur et leur esprit. » Ces paroles d'Amma ont transformé notre homme en dévot exemplaire. Il s'est mis à travailler dans le domaine de l'action sociale.

Je trouvais naturel de voir le Seigneur manifester de la compassion envers ses fidèles mais j'ai été stupéfait de voir Amma exprimer la même compassion envers ceux que l'on juge cruels. Il est facile d'aimer ceux qui nous aiment. Il l'est beaucoup moins d'aimer ceux qui nous insultent. Amma, cependant, aime de la même manière ceux qui aiment et ceux qui haïssent.

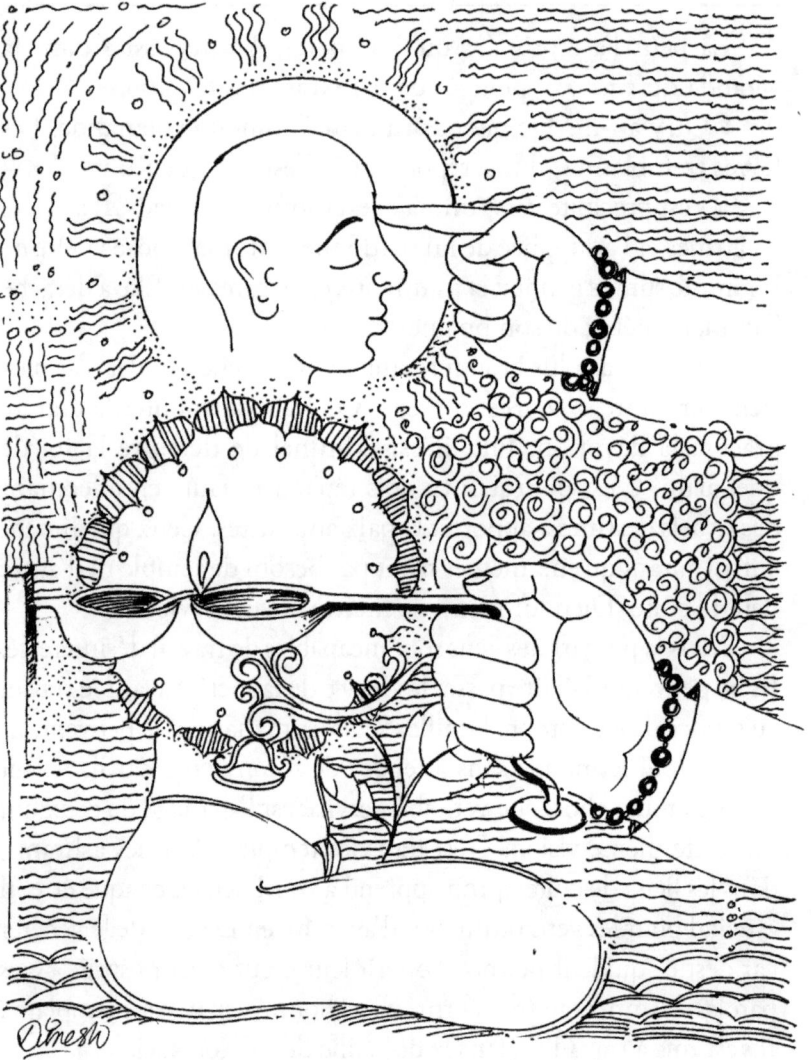

Cadeau
d'anniversaire

14

Rares sont ceux qui n'aiment pas fêter leur anniversaire. A chaque nouvel anniversaire que nous célébrons, nous oublions qu'en réalité nous avançons vers la mort, que le temps qui nous reste à vivre se trouve diminué d'une année. Nous sommes nés, donc nous mourrons. Il n'y a pas d'alternative. Tout ce qui est né doit mourir, nous le savons bien. Comment donc éviter la mort ? En évitant de naître ! Autrement dit, c'est l'idée d'être nés qui doit mourir. La mort n'existe pas pour ceux qui savent qu'ils ne sont pas le corps mais l'âme. Ils ne sont pas affectés par leurs changements corporels. Seule la grâce d'un *satguru* permet de prendre conscience que nous sommes le Soi qui transcende le corps, le mental et l'intellect.

Je me souviens de l'un de mes anniversaires. Je ne résidais pas encore à l'ashram. Le jour de mon anniversaire, j'étais allé à Vallickavu pour voir Amma. J'attachais alors beaucoup trop d'importance à cet événement et c'était dans cet état d'esprit que j'étais arrivé. Je tenais à la main le *payasam* (entremets sucré) que j'avais reçu à la fin de la *pouja* que j'avais fait exécuter dans un temple. Je n'avais rien mangé avant de partir, déterminé que j'étais à ne manger que ce qu'Amma me donnerait. Quel cadeau d'anniversaire allait-elle m'offrir ?

En arrivant devant le *kalari*, j'ai vu un spectacle cocasse : Amma chahutait avec Acchamma. C'était ainsi que tout le monde appelait la grand-mère paternelle d'Amma. Acchamma raffolait des blagues d'Amma. Amma m'a aperçu mais j'ai eu l'impression qu'elle m'ignorait volontairement. C'était contraire à son habitude. En général, elle accourait vers moi dès mon arrivée. Mais ce jour-là, elle a fait semblant de ne pas m'avoir vu et a continué de bavarder avec les autres. Les heures se sont écoulées. Au crépuscule, Amma s'est assise devant le *kalari* pour chanter les *bhajans*.

Je suis allé m'asseoir un peu plus loin sous la véranda de la hutte pour méditer. Un peu avant la fin des *bhajans,* Ramakrishna (Swami Ramakrishnananda Puri) est arrivé. Il travaillait alors dans la banque de Harippad. Quand Amma a eu fini de chanter, elle s'est levée, elle est passée devant moi pour aller rejoindre Ramakrishna sans même me jeter un coup d'œil. Imitant l'attitude du Seigneur Krishna qui avait ignoré Duryodhana, pourtant arrivé le premier, pour s'entretenir avec Arjuna, Amma a longuement parlé avec Ramakrishna. Cela m'a mis en colère. J'étais bouleversé. Je suis allé dans le *kalari* et j'ai fermé la porte derrière moi.

Deux heures plus tard, Amma a ouvert la porte et a pénétré dans le *kalari*. J'ai fait comme si je ne la voyais pas. Amma s'est approchée de moi, pleine de compassion. Je n'ai pas ouvert la bouche. « Amma a juste voulu mettre ta patience à l'épreuve. Tu n'es pas content ? »

Amma s'est mise à rire et elle a essayé de me consoler. Elle m'a empoigné par le bras et m'a tiré de force jusqu'à la cuisine. Elle a alors remarqué le paquet de *payasam*. « C'est toi qui l'as apporté, mon fils ? » Je n'ai pas répondu à sa question.

Amma a versé une louche de riz et de curry dans une assiette. Elle a mélangé le tout et en a fait des boulettes. Tout d'abord je me suis dit que j'allais bouder la nourriture mais quand j'ai vu la compassion qui rayonnait sur son visage, je n'ai pas eu le cœur de refuser.

« Qu'y a-t-il de particulier aujourd'hui, mon fils ? » Sachant qu'elle avait posé cette question en connaissance de cause, j'ai répondu : « C'est mon anniversaire. Je croyais que les mères attachaient beaucoup d'importance à l'anniversaire de leur enfant. » « Mon fils, tu étais mon enfant bien avant de naître ! Pourquoi Amma considérerait-elle alors que c'est aujourd'hui ton anniversaire ? Pour Amma, c'est un jour comme les autres. Amma n'est pas simplement la mère du corps, elle est la mère du Soi. Puisque le Soi jamais ne meurt ni ne naît, pourquoi parler d'anniversaire ? De qui est-ce l'anniversaire ? »

Toutes les questions que j'avais en tête se sont dissoutes dans le flot de la sagesse d'Amma. Je suis allé m'asseoir dans le *kalari*. Amma m'a appliqué de la pâte de santal sur le front. Puis elle a appuyé un certain temps son index entre mes deux sourcils avant de s'en aller. Je suis resté là, incapable de sortir du *kalari*. J'ai vécu une expérience aussi extraordinaire que la mort. Il me semblait avoir totalement perdu le contrôle de mon corps. Je n'étais même pas capable d'émettre un son. Le nectar de la compassion d'Amma coulait en moi comme les flots du Gange. J'ai perdu toute conscience de mon corps. Je ne sais pas combien de temps j'ai séjourné, totalement comblé, sur le rivage de la paix.

Qui aurait pu me faire plus beau cadeau d'anniversaire ?

Cette expérience ineffable du divin, que seule la compassion d'un *satguru* pouvait m'offrir, a été un cadeau inestimable et demeure un souvenir inoubliable de la grandeur d'Amma. Il illumine toujours les couloirs de ma mémoire.

Mort d'une sentinelle

15

C'était un jour de *Bhava darshan*. Les fidèles retenaient leur souffle en regardant Amma lécher le pus qui suintait des plaies d'un lépreux. Je me tenais debout dans un coin du *kalari* et j'observais attentivement la scène sans détourner le regard. Je me demandais si Amma n'allait pas trop loin dans sa compassion. En tout cas, je n'étais pas trop bouleversé par ce spectacle. A la fin du *darshan*, je lui ai posé la question suivante : « Amma, tu es toute-puissante, tu pourrais le guérir d'un simple *sankalpa*. Pourquoi as-tu fait cela ? »

Elle a souri et, en guise de réponse, elle m'a posé à son tour une question : « Le Seigneur Krishna aurait pu faire changer d'avis les Kauravas d'un simple *sankalpa*, n'est-ce pas ? Pourquoi donc a-t-il choisi de conduire le char d'Arjuna[1] ? »

Je n'avais rien à répondre à cela. Amma s'est pourtant rendu compte que je n'étais pas satisfait de sa réponse et elle a continué : « Mon fils, je ne sais pas pourquoi. C'est ce que j'ai envie de faire quand je vois ce fils atteint de la lèpre. Tu en comprendras la raison en temps voulu. »

---

[1] Allusion à la guerre du Mahabharata qui opposa les vertueux Pandavas aux fourbes Kauravas. Chacun des deux clans réclama l'aide de Krishna. Celui-ci répondit qu'il ne prendrait pas part à la guerre mais que l'un des camps aurait son armée et que le camp adverse l'aurait comme conducteur de char. Arjuna, l'un des Pandavas, choisit la présence de Krishna et les Kauravas choisirent son armée.

J'ai lu ultérieurement dans plusieurs livres que la salive des êtres éveillés avait des pouvoirs de guérison et que c'était un remède infaillible dans nombre de maladies incurables. Je suis malgré tout resté sceptique. Quelle différence y a-t-il entre le corps d'Amma et celui d'une personne ordinaire ? Tous deux sont composés des cinq éléments (*pancabhutas*[2]).

Pourquoi donc le corps d'un être éveillé comme Amma aurait-il quelque chose de spécial ? Je n'ai plus abordé ce problème avec Amma.

Les jours ont passé. Entourée de ses enfants qui la suivaient comme son ombre, Amma était assise sous les cocotiers de l'ashram. Les arbres se balançaient au rythme du vent. L'ashram se réduisait alors à un groupe de huttes disséminées autour des arbres, au *kalari* et à la maison familiale d'Amma dans laquelle elle avait grandi. Amma mangeait rarement. Quand les dévots apportaient de la nourriture, elle la partageait entre tous ses enfants présents. Elle avait l'habitude de dire : « Si mes enfants ont l'estomac rempli, je me sens rassasiée.»

Un jour, Amma avait ouvert un paquet apporté par l'un des dévots et commençait à distribuer les boulettes de riz qu'il contenait quand, soudain, on a entendu du tapage à l'extérieur. Des gens essayaient d'attraper un chien atteint de la rage. Il avait déjà mordu plusieurs personnes. C'était l'un des deux chiens qui avaient monté la garde auprès d'Amma quand elle était plus jeune.

« Fils ! »

Amma a appelé le chien. Il a couru vers elle. « Qu'est-ce qu'il t'arrive ? »

Elle l'a caressé avec beaucoup d'affection. Il agitait la queue comme si de rien n'était. Il a enfoui son museau dans les genoux d'Amma. La salive et toutes les sécrétions qui dégoulinaient de sa bouche coulaient sur les vêtements et le corps d'Amma. Elle

---

[2] Les cinq éléments qui sont la base matérielle de la création.

l'a attiré à elle, l'a étreint et embrassé sur la tête. Elle lui a mis dans la bouche des boulettes de riz. Puis, de la main qu'elle venait d'utiliser et qui était recouverte de salive, elle a, à son tour, mangé du riz. Les gens qui assistaient à cette scène étaient horrifiés. Certains se sont écriés : « Amma que fais-tu ? »

Sans leur prêter la moindre attention, Amma a continué de cajoler le chien pendant un long moment. Il se lovait dans ses bras comme un petit enfant.

« Sri-mon[3], va chercher une chaîne ! » Obéissant à ses paroles, j'ai couru chercher une chaîne chez les voisins.

« Attache-le à l'arbre, son heure est venue. »

Amma voulait-elle vraiment dire qu'il fallait attacher ce chien enragé ? Et que c'était à *moi* de le faire ? Mais j'ai ravalé ma question. Ce n'était d'ailleurs pas la peine de protester. Cet ordre venait d'Amma. Je me suis rassuré en pensant qu'elle me protègerait et je me suis lentement approché du chien. Je lui ai passé la chaîne autour du cou puis je l'ai ai conduit jusqu'au cocotier qui se trouve devant le *kalari*. Il m'a suivi, doux comme un agneau. Son comportement semblait indiquer qu'il savait que sa fin était proche. Une fois attaché, il a rendu son dernier soupir, devant tout le monde. J'ai remarqué que les yeux d'Amma se remplissaient de larmes.

Les parents d'Amma, ses frères et sœurs se lamentaient comme tous ceux qui l'avaient vue toucher le chien enragé et manger avec une main couverte de bave. Il ne faisait aucun doute pour personne qu'Amma avait absorbé de la salive infectée. En plus, elle avait caressé le corps de l'animal, blessé en plusieurs endroits par les pierres qu'on lui avait lancées. Tout le monde insistait donc pour qu'Amma se fasse faire une injection antirabique. Beaucoup de ceux qui tentaient de l'en persuader allèrent jusqu'à la supplier en pleurant mais elle a refusé. Elle m'a souri et m'a dit : « Fils,

---

[3] L'auteur s'appelait alors Srikumar avant de recevoir un nom monastique.

n'est-ce pas le moment de vérifier si ce corps est constitué des cinq éléments ?»

J'ai baissé la tête et joint les mains. J'ai mis à un frein à mes pensées en contemplant la grandeur d'Amma. Par ce genre d'expériences, Amma nous enseigne des vérités cachées que l'intellect ne peut saisir. Le *guru* révèle des secrets qui ne s'enseignent pas. Le disciple intègre des leçons qui ne peuvent s'apprendre. Le *guru* n'agit pas comme un enseignant. Le disciple ne se rend pas compte qu'il est en train d'apprendre. La divine expérience vide la tête du disciple de toute l'information accumulée et lui fait baisser la tête. En voyant les sublimes pouvoirs du *guru,* tout disciple se fait humble.

Aucune impureté ne peut affecter celui qui a atteint la pureté intérieure. Même s'il porte des vêtements affreux, il rayonne de beauté. Il émane du corps des yogis, qui restent des années sans manger ni se laver, un parfum suave dû à leur profonde méditation. Quand tous les nerfs sont purifiés, le corps est débarrassé de ses impuretés. Ces êtres purifient l'atmosphère par leur seule présence. On a observé que le fonctionnement du corps, considéré comme un composite constitué des cinq éléments, varie en fonction du degré de pureté intérieure. Pour acquérir la pureté naturelle des âmes comme Amma, il faut commencer par la pureté extérieure.

Même au milieu de bêtes sauvages, les *rishis,* qui étaient la paix incarnée, restaient immergés dans leur méditation. Ces sages avaient transcendé le sens de l'individualité et, en leur présence, les animaux oubliaient leur hostilité instinctive à l'encontre des humains. La présence des mahatmas qui ont atteint la pureté intérieure se reflète même dans la nature.

Les vibrations du pur amour d'Amma se répandent dans toutes les directions pour rassembler l'humanité. Les gouttes séparées s'unissent pour former un formidable océan d'amour et de sagesse.

Le bourdonnement
d'une mélodie

16

J'en avais à peine fini avec mes examens d'ingénieur que les tests de Dieu ont commencé. Je passais la plupart de mes journées à Vallickavu. Les membres de ma famille, qui étaient maintenant devenus dévots d'Amma, n'y voyaient aucune objection. Mes parents ressentaient cependant une certaine inquiétude à l'idée de perdre leur fils unique et, à mon insu, mon père m'a trouvé un emploi intéressant à Bangalore. J'ai eu beau affirmer catégoriquement que je ne m'y rendrais pas, Amma a insisté pour que j'y travaille au moins quelque temps et personne n'a pris ma défense. Amma et les familiers de l'ashram sont venus à la gare pour assister à mon départ. Debout dans le train, je les ai regardés par la fenêtre jusqu'à ce qu'ils disparaissent de ma vue.

Il me fallait subir cette séparation alors que je ne supportais même pas d'être éloigné d'Amma une seule seconde. Cette épreuve m'a beaucoup angoissé, cependant j'ai compris plus tard que c'était le moyen qu'avait choisi la nature pour me faire contempler les prodigieux *lilas* d'Amma. Je voyais les paysages défiler à l'extérieur du train. J'ai mentalement félicité le train qui ne s'attachait à aucun d'eux et qui roulait sans se laisser arrêter par la nostalgie et le souvenir des paysages traversés. J'avais l'impression qu'Amma me disait qu'il fallait en faire autant dans le voyage de la vie.

Y a-t-il quoi que ce soit ici-bas qui nous appartienne réellement ? A quoi bon chercher à posséder des choses qui finiront en poussière ? Il est préférable de prendre refuge dans la vérité éternelle qu'incarne Amma. Puisque les mahatmas ne sont pas des êtres de chair, notre vie ne sera pas stérile si nous nous abandonnons à eux. *Pourquoi gaspiller sa vie à poursuivre les objets futiles du monde ?* Je me répétais inlassablement cette question. Je me suis aperçu que le bruit du train me berçait, comme pour essayer, avec la compassion d'Amma, de m'entraîner dans le sommeil. « Ô Seigneur, je vois bien que tu n'es pas invisible. Tu as même imprégné cette locomotive de l'amour d'Amma ! » Ainsi bercé et consolé, j'ai sombré dans un sommeil profond sans m'en apercevoir.

« Il faut descendre ici ! » Un employé du chemin de fer me secouait. Je me suis réveillé en sursaut. Un autre homme s'est approché de moi pour se présenter : « Je m'appelle Daniel. Mon chef m'a demandé de venir vous chercher à la gare. Ne vous voyant pas, je me suis inquiété et j'ai fouillé tous les compartiments. C'est ainsi que je vous ai trouvé. Je vous ai reconnu grâce à la photo qu'on m'avait donnée. »

« Comment l'Institut avait-t-il eu cette photo ? » me suis-je demandé, perplexe. Je n'avais en effet envoyé ni dossier ni photo ? Je n'ai pas autrement cherché à élucider cette énigme.

Daniel a empoigné mon sac et est descendu du train. Je l'ai suivi. Je n'avais aucune envie de parler à qui que ce soit. Daniel ne comprenait pas pourquoi j'étais si réservé. « N'es-tu pas content d'avoir décroché ce poste ? » Travailler à l'Institut de Recherche Raman est un rêve que caressent beaucoup de chercheurs. Sans attendre ma réponse, Daniel a continué de parler. J'ai commencé à sentir que mon comportement était discourtois. Nous sommes bientôt arrivés chez lui et je me suis excusé de mon silence. J'ai essayé de lui faire comprendre que j'avais le cafard d'être loin de chez moi. Daniel était très gentil. Il a préparé le repas et, m'ayant fait asseoir à côté de lui, il m'a incité à manger quelque chose. J'avais l'impression qu'Amma se manifestait à travers lui.

Le lendemain je me suis préparé pour aller à l'Institut. J'ai sorti une photo d'Amma que j'avais soigneusement rangée dans mon sac. C'était ma première photo d'Amma, une photo ancienne et rare. C'était la seule chose que je considérais comme m'appartenant. J'étais toutefois incapable de la regarder trop longtemps. Mentalement, j'ai sollicité la bénédiction et la permission d'Amma avant d'aller travailler. Puis j'ai enveloppé la photo d'une étoffe de soie et l'ai remise dans mon sac avant de me rendre à l'Institut.

Pendant mes études, j'avais toujours rêvé de décrocher ce genre de travail. C'était un poste de recherche sur le rayonnement solaire. Avant de me mettre au travail, j'ai médité sur le Dieu Soleil qui est le symbole de la sagesse. Je ne me sentais nullement honoré d'occuper ce poste auquel m'avaient conduit dix-sept longues années d'études. Assis dans une pièce climatisée au milieu d'ordinateurs et de machines, je me sentais mal à l'aise.

La responsable du service s'est montrée très gentille avec moi. J'ai entendu avec étonnement mes collègues l'appeler « Amma ». Célibataire, elle avait consacré presque toute sa vie à la recherche et c'est sûrement ce dévouement sans bornes qui lui avait valu un tel surnom. J'ai essayé de me consoler en me disant que cet endroit me rappellerait mon Amma, mon *satguru*. Les autres parlaient d'elle comme étant « une dame qui avait oublié de vivre » mais, en l'écoutant parler des contributions qu'elle avait apportées au monde scientifique, je ressentais son contentement. Je ne pouvais m'empêcher de penser qu'elle se serait cependant davantage épanouie si elle s'était consacrée à la recherche intérieure. Je me suis souvenu d'une parole d'Amma : « Il n'y a rien d'impossible à celui qui a renoncé à tout. »

Même si les gens l'appelaient Amma, ils la craignaient. C'était un chef exigeant. Tout le monde essayait donc de lui donner satisfaction en faisant sincèrement de son mieux. Beaucoup de gens me manifestaient de l'affection et j'ai compris que *Jagadishveri* en personne veillait à ce que son fils ne manque de rien dans cet endroit. Pourtant, je n'éprouvais aucun intérêt pour mon travail. Je ne voulais pas de l'amour de mes collègues. Je passais souvent mes journées, seul, indifférent et silencieux. Chaque jour, Amma me faisait ressentir sa présence de mille façons différentes. Elle m'a appris plus tard qu'elle m'avait fait vivre ces expériences pour me montrer qu'elle ne se limitait pas à son corps physique et qu'elle était en permanence à mes côtés. Elle croyait que ces expériences soulageraient mon angoisse. Au contraire, elles augmentaient mon chagrin. J'ai passé bien des jours à pleurer dans cette grande ville et à me lamenter sur mon sort. J'avais l'impression de perdre mon temps dans cet univers matérialiste et d'être un idiot qui préférait des perles de verre à des pierres précieuses.

Cela faisait maintenant plusieurs semaines que j'avais quitté Amma pour venir à Bangalore. J'avais reçu d'elle plusieurs lettres de consolation qui débordaient tellement d'amour que je n'avais pas la force de les lire jusqu'au bout. Les derniers mots que j'avais dit à Amma lors de mes adieux me revenaient alors à l'esprit : « Amma, fais que je revienne au plus vite. » Il m'arrivait souvent d'avoir envie de rentrer. Ces jours-là, Amma m'apparaissait en rêve pour me l'interdire.

Un jour, incapable d'endurer la souffrance d'être séparé d'elle, je me suis ouvert à Daniel de mon état d'âme. Il a blêmi en apprenant que j'avais décidé de partir. Il est resté un long moment sans rien dire. Il avait déjà en grande partie compris ce qui m'arrivait. Probablement avec l'intention de me faire du bien, il m'a emmené dans un endroit désert et désolé. Des montagnes se dressaient vers le ciel et des rochers jonchaient le sol. Ce paysage d'une beauté rurale naturelle n'avait rien à voir avec le côté artificiel des villes. Au loin, les nuages endeuillés se blottissaient les uns contre les autres pour pleurer la disparition du soleil. Pour la déesse de la nature qui assistait depuis le début des temps au lever et au coucher du soleil, le spectacle n'avait rien de nouveau. Combien y aurait-il encore de semblables funérailles ? Et à qui pourraient bien se plaindre les nuages languissants qui n'avaient pas le courage d'affronter cela ? D'ici peu, leurs contours enchanteurs allaient eux aussi s'effacer et laisser libre cours à la danse nocturne de la destruction. D'un coup d'ailes, la terreur fondrait sur ceux qui s'étaient émerveillés du chatoiement multicolore du jour et les plongerait dans le désespoir.

Mais je me suis rendu compte que la noirceur de l'ignorance était bien plus terrifiante encore que l'obscurité de la nuit. Daniel et moi avons lentement gravi la montagne, quelque peu rafraîchis par la brise qui caressait le crépuscule. Nous nous sommes assis sur un rocher pour discuter longuement d'Amma en regardant au loin. Daniel s'est allongé sur la pierre. Je me suis éloigné un petit peu et j'ai fermé les yeux pour essayer de méditer. Une pensée inhabituelle m'a traversé l'esprit : « N'est-ce pas à cause de mon corps que je suis séparé d'Amma ? Je n'ai qu'à le détruire ! » Sans plus réfléchir, je me suis levé. J'ai vu que Daniel dormait et, tout doucement, j'ai contourné le rocher.

Les montagnes baignaient dans la lumière de la pleine lune. J'étais au bord d'un précipice. J'ai fermé les yeux et j'ai prié un petit moment. Mes jambes ont esquissé un rapide mouvement vers l'avant et…quelqu'un m'a tiré violemment en arrière. Je suis tombé à la renverse. Qui m'avait retenu ? Daniel ? Je me suis retourné, il n'y avait personne derrière moi ! Daniel était toujours allongé au même endroit, en train de dormir. J'ai voulu me relever mais je me suis rendu compte que j'étais incapable de bouger. J'étais abasourdi. Je ne comprenais pas ce qui s'était passé. J'avais la tête qui tournait. Je suis resté allongé sur le rocher et je me suis mis à méditer sur Amma. Peu après, j'ai entendu sa voix résonner à mon oreille.

« Fils, le suicide est une lâcheté. Le corps est très précieux. C'est Dieu qui nous l'a offert pour nous permettre de prendre conscience de l'*Atman*. Il est destiné à apporter la paix à de nombreuses personnes. Le supprimer serait le pire crime que tu pourrais commettre contre le monde et contre Amma. Surmonte la difficulté de ta situation. Courage, fils ! Va de l'avant. Ne flanche pas. Amma est avec toi.

C'était la voix de mon Amma, la voix de mon soi intérieur. Submergé de remords, j'ai éclaté en larmes. Comment pouvais-je être malheureux alors qu'Amma demeurait dans mon cœur, qu'elle était l'*antaryami* qui percevait chacune de mes pensées, chacun de mes actes. Allongé sur le rocher, j'ai regardé le ciel. La pleine lune rayonnait. Personne, au moins, ne sera jamais privé du réconfort d'un clair de lune dans l'obscurité. En fixant intensément la surface de la lune, j'ai vu la déesse de l'univers qui m'entourait de ses mille bras. Du fond de mon cœur, les vers d'un poème me sont montés aux lèvres.

arikil undenkilum aṛiyān kazhiyāte
alayunnu ñān ammē...
kaṇṇundennālum kāṇān kazhiyāte
tirayunnu ñān ninne... ammē
tirayunnu ñān ammē...

Ô Amma, bien que tu sois toute proche, j'erre à ta recherche. Bien que j'aie des yeux, je continue ma quête sans te voir.

hēmantanīlaniśīthiniyil pūtta
vārtinkaḷ nīyāṇō
vānilettīṭuvān kazhiyāte tīrattil
talatallum tiramāla ñān... ammē...

Es-tu cette lune magnifique qui luit dans la nuit bleue de l'hiver ?

Je suis une vague qui, incapable de monter au ciel, se fracasse contre le rivage.

iha lōka śukham ellām vyārtthamāṇennuḷḷa
paramārttham ñān aṛiññappōḷ
iravum pakalum kaṇṇīrozhukki
ninneyaṛiyān kotichū... ammē...

Quand j'ai compris qu'en vérité tout confort matériel est sans valeur,
J'ai pleuré jour et nuit, aspirant de tout mon être à te connaître, ô Amma.

duhkhabhārattāl taḷarunnorenne nī
āsvasippikkān varillē...?
ettīṭumennuḷḷa āśayōṭe ñān
nityavum kāttirikkunnu.... ammē...

Viens me consoler, je suis si las de porter ce triste fardeau !
Viens à moi, je t'en prie, je t'attends sans cesse ô Amma.

De nouveau, la voix d'Amma a résonné à mon oreille. « Ne te contente pas d'être une fleur en bouton. Donne-toi la peine d'éclore. La fleur de ton cœur est encore en bouton, permets-lui de s'ouvrir. Tu possèdes un parfum et une beauté intérieurs qu'il te faut partager avec les autres. Ne te laisse pas arrêter par ces douleurs de croissance passagères. Prépare-toi à accueillir l'aube de la connaissance. »

Le chagrin que Dieu nous octroie est bien préférable à n'importe quel bonheur profane. Celui qui court après le plaisir risque de tourner le dos à Dieu. Dieu n'appartient qu'aux dévots qui vont jusqu'au bout du chagrin. Il y a de la profondeur dans la souffrance. Quand on est prêt à la supporter pour Dieu, elle devient *tapas*. La vie, nous dit Amma, est un bienfait de Dieu, ce n'est pas une malédiction. Ce n'est pas le monde qui pose problème ou lasse, c'est le mental humain. Il faut apprendre à dépasser les difficultés et ceci est l'objet de la spiritualité. Notre vie doit devenir un art. Il y a certaines choses dans l'univers qu'on ne peut apprendre que par l'expérience. La vérité est toujours une découverte expérimentale. Dieu est l'expérience du divin. Celle-ci est intransmissible et inexprimable. Amma nous permet de pressentir ce qu'est Dieu grâce à son amour et à sa compassion infinis.

Vision de la
Beauté Divine

17

Après avoir démissionné du Raman Research Institute, j'ai pris le premier train en partance pour ma ville natale. Je n'avais pas la patience d'attendre la permission d'Amma. Depuis que je l'avais rencontrée, j'avais vraiment saisi l'importance du temps qui passe, chose que j'avais ignorée auparavant. Ayant mesuré ce que chaque instant loin d'elle me faisait perdre, je voulais rentrer au plus vite. Tant que le *guru* intérieur n'est pas éveillé, la présence du *guru* extérieur est indispensable. Un petit enfant qui apprend à marcher a besoin de tenir sa mère par le bout des doigts. J'étais au tout début du chemin spirituel et je ne connaissais rien de ses dangers. Seul, le *guru* peut nous montrer comment transformer les obstacles en tremplin. La notion d'obstacle n'existe plus pour le disciple qui a renoncé au monde et pris refuge aux pieds du *guru*. Toutes les expériences deviennent l'occasion de grandir spirituellement. Il puise la force nécessaire dans le regard empli de compassion du *guru*. La présence du *guru* a d'immenses pouvoirs qui sont invisibles quand bien même nous aurions un millier d'yeux. Un cœur pur n'a aucune difficulté à reconnaître les innombrables *bhavas* du *guru* mais pour acquérir la pureté nécessaire, il est indispensable d'être physiquement près de lui.

En arrivant à la maison après ce voyage en train, j'étais complètement épuisé et je me suis effondré. Je n'avais pas dormi ni mangé pendant plusieurs jours et j'étais à bout de résistance. J'ai dû être hospitalisé un certain temps. Les médecins ont porté un diagnostic de pneumonie et m'ont prescrit le repos au lit. J'avais quitté mon emploi pour revenir précipitamment tellement je souffrais le martyre d'être loin d'Amma et je me retrouvais à l'hôpital ! J'ai essayé de me consoler en me disant qu'il s'agissait d'un châtiment qu'Amma m'infligeait pour avoir démissionné sans sa permission.

Mon père s'est rendu à Vallickavu pour informer Amma de ma maladie. Il lui a transmis mon désir de lui faire une brève visite mais elle a refusé, disant que je ne devais pas me déplacer pour le moment et que ce serait elle qui viendrait me voir à l'hôpital. Mon père a protesté : « Non Amma, ce n'est pas la peine de faire tout ce trajet. Les médecins ont dit qu'il sortirait dans deux jours. » Amma l'a écouté puis lui a donné du *prasad* et de la cendre bénie à mon intention. Mon père m'a enduit tout le corps de cendre sacrée et nous avons partagé le *prasad* qu'elle lui avait remis. Je me suis senti tout de suite mieux. J'étais cependant très triste de ne pouvoir aller voir Amma.

Cette nuit-là je n'ai pas réussi à trouver le sommeil. Cela faisait des mois que je n'avais pas vu Amma. Ma première rencontre avec elle avait été un événement fantastique qui avait complètement transformé ma façon de voir la vie. Elle était la Déesse de l'Univers qui avait créé un *Vaikuntha* sur terre et permis à ses milliers d'enfants bienheureux de danser de bonheur. Allongé sur mon lit d'hôpital, je la priais inlassablement de faire en sorte que je ne sois plus jamais séparé d'elle. J'ai ensuite vainement essayé de dormir.

Tout à coup j'ai ressenti un léger courant d'air frais. Plus tard, j'ai réalisé que cette caresse parfumée annonçait en fait l'arrivée d'Amma. Le tintement argentin des bracelets qu'Amma portait aux chevilles est parvenu à mes oreilles. Un rond de lumière est apparu dans un coin de la chambre. Il était imprégné du sourire rayonnant d'Amma. Il me semblait que le bâtiment tout entier se soulevait et j'ai voulu m'agripper au lit pour ne pas tomber mais j'étais incapable de bouger pieds et mains. Soudain, tout s'est calmé. J'ai été ensorcelé par la plus merveilleuse des mélodies que j'aie jamais entendue et je me suis laissé emporter par le flot de musique. La silhouette enchanteresse d'Amma entourée du halo de lumière s'est approchée de moi. Médusé, je la regardais fixement. Elle était parée, chose rare, d'une profusion de bijoux. Elle s'est assise sur le lit, a mis ma tête sur ses genoux et m'a caressé tout doucement. Ô visitation divine, quels instants inestimables ! J'étais conscient qu'Amma effaçait toute la tristesse de mon cœur en m'embrassant la tête et les mains, mais je ne pouvais pas bouger. Quand m'est venue à l'esprit l'idée que je ne pouvais même pas me prosterner devant elle, elle a fait « non » d'un geste. Ses caresses sont devenues un remède divin qui a gommé le karma d'innombrables existences.

A ce moment là, la porte s'est ouverte et mon père a pénétré dans la chambre. Il était parti chercher de l'eau tiède pour que je puisse avaler mes médicaments. Au fur et à mesure qu'il approchait, la silhouette d'Amma est devenue de plus en plus floue et a rapidement disparu. Me croyant endormi, mon père m'a secoué pour me réveiller : « C'est l'heure de prendre tes médicaments. »

J'ai avalé mes pilules et je suis resté allongé sur le lit. J'étais incapable de parler. Je n'avais jamais eu de *darshan* aussi intense. J'avais encore les yeux, les oreilles et le nez emplis des sensations et des vibrations de la beauté qu'Amma cache en elle. Je savais bien intellectuellement qu'Amma ne se limitait pas à son corps mais, cette nuit-là, j'en ai fait l'expérience et les mots sont impuissants à décrire la connaissance qui m'a été révélée. C'est pourquoi je n'ai pas essayé de me confier à mon père.

Le lendemain, j'ai insisté pour me rendre à Vallickavu. Le médecin a consenti à me laisser sortir de l'hôpital en me rappelant toutefois que je devais me reposer encore quelques jours. Accompagné de mon père, je suis immédiatement allé voir Amma. Elle était assise devant le *kalari* comme si elle m'attendait. Elle semblait n'avoir pris aucun repos depuis le *Devi Bhava* de la nuit précédente. La marque de santal rouge était intacte sur son front et elle portait les vêtements du *Bhava darshan* de la veille. Les cendres bénies qu'elle avait données en *prasad* aux fidèles avaient laissé des traces blanches sur ses vêtements, son visage, ses cheveux. Même ces particules de poussières semblaient réticentes à la quitter. Amma m'a vu de loin et m'a fait signe. J'ai couru vers elle et me suis prosterné à ses pieds. Elle m'a attiré sur ses genoux et m'a caressé affectueusement. J'ai senti les mêmes divins effluves qu'au cours de mon *darshan* dans la chambre d'hôpital. Mais à présent, ils émanaient du corps d'Amma. J'ai pleuré quelques minutes dans ses bras et mon chagrin s'est apaisé. J'étais soulagé car je savais désormais que quelqu'un porte tous nos fardeaux. Ce soulagement évolue en confiance en soi. Seul Dieu peut nous communiquer une telle confiance en nous. J'ai aperçu des larmes d'amour et de compassion dans les yeux d'Amma.

« Amma, es-tu venue me voir ? » Elle a acquiescé d'un mouvement de tête.

« Pourquoi es-tu donc partie sans rien dire ? »

Elle a simplement répondu d'un sourire. Les mots n'ont pas leur place dans les moments d'expérience divine. En de tels moments, la parole s'arrête. Le silence est le langage des âmes. La parole est superflue dans la rencontre de deux âmes. L'union du *jivatma* et du *Paramatma* annonce l'unité du *guru* et du *disciple*. Celui-ci devient un bébé devant le *guru*. Quand le disciple déborde d'innocence, le *guru* se fait mère. Amma dissimule les innombrables manifestations de sa divinité et ne montre qu'un doux et tendre amour maternel pour que le disciple s'attache à elle. Ce lien conduit le disciple à la liberté et à la béatitude éternelles. Le *guru* utilise le *bhava* de l'amour maternel pour ramener le disciple à l'innocence de l'enfance.

Un enfant ne voit le mal nulle part car il n'y a que bonté en lui. A part l'image de sa mère, son esprit est vide de pensées. Sa mère est tout son univers, il ne croit qu'en elle. Personne ne peut détruire cette confiance car il sait d'expérience qu'elle incarne l'amour. Personne d'autre ne l'intéresse. Quand sa mère n'est plus dans son champ de vision, il pleure, c'est le seul langage qu'il connaisse.

« Il n'y a pas plus grande prière que les larmes. Si l'on pleure en pensant à Dieu, on n'a besoin de rien d'autre pour se protéger des malheurs de ce monde. »

Ces paroles d'Amma me sont revenues à la mémoire. Tandis que je pleurais dans ses bras, le « je » en moi a cessé d'exister.

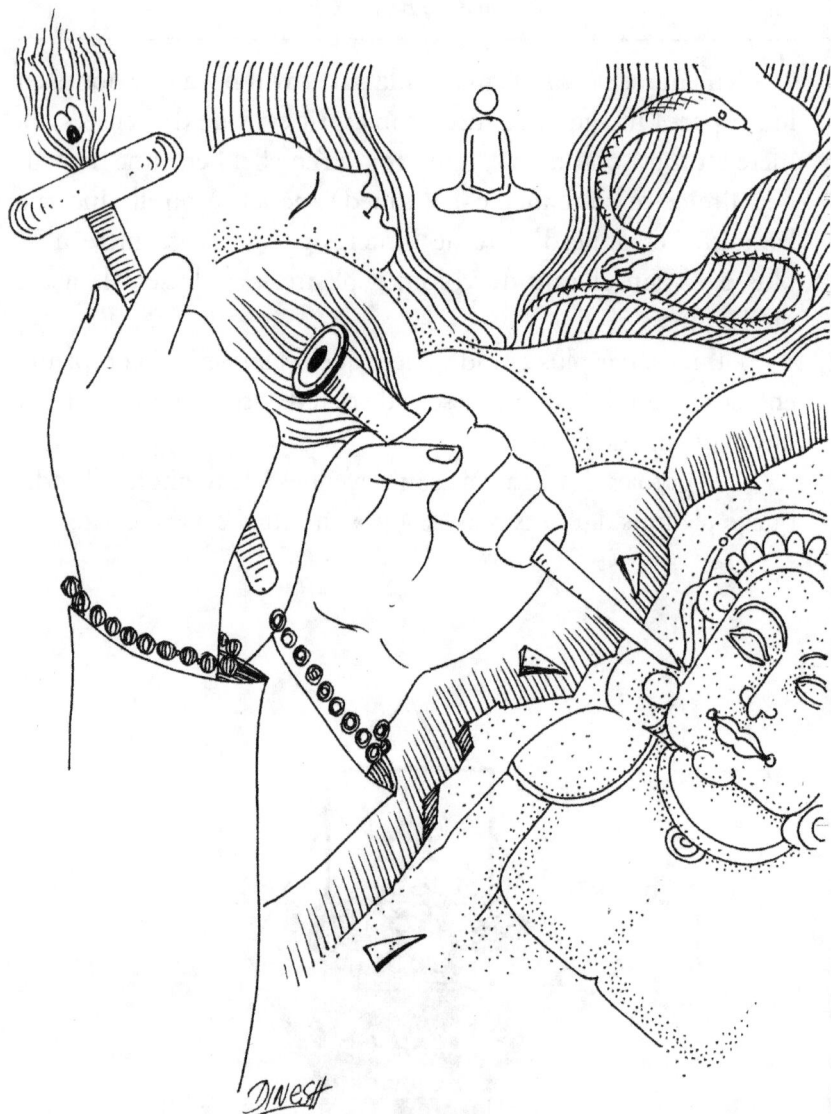

Sur le terrain de manœuvres d'Amma

18

L'univers est un modèle d'unité : les étoiles qui restent en place grâce à leur attraction mutuelle, les planètes qui tournent autour d'un soleil et tous les mystères obscurs que l'on ne peut appréhender que dans les états les plus élevés de méditation. La beauté divine est omniprésente dans l'univers, dit Amma. Il n'y a de laideur nulle part. Toutes les perversions sont le produit du mental humain. Quand on aime, on perçoit cette beauté partout. Grâce au fascinant pouvoir de l'amour, il est possible de purifier sa vision et de contempler la beauté divine. Amma cherche à éveiller cet amour divin en nous.

A mon retour de Bangalore, ma famille ne s'est pas opposée à ce que je vive auprès d'Amma. Les jours qui ont suivi, j'ai eu la chance rare de pouvoir consacrer tout mon temps à la *sadhana*. Depuis l'aube, empreinte de félicité spirituelle, jusqu'au crépuscule qui me faisait pleurer sans raison, les jours s'écoulaient rapidement. En ce temps-là, ce que je désirais plus que tout, c'était passer toute ma vie à pleurer pour Dieu ! Je me prélassais dans l'atmosphère d'amour qui émanait de ce prodigieux phénomène qu'est Amma et j'en oubliais tout le reste. Quand on a pris conscience que tout ce que l'on a acquis n'est que du vent, on ne se laisse plus leurrer par ces soi-disant acquisitions. Il n'est pas facile d'atteindre cet état de détachement mais la présence d'un grand *guru* tel qu'Amma nous facilite la tâche. La spiritualité nous donne une autre façon de voir le monde. Telle est l'expérience divine qu'Amma nous communique.

Chacun des moments que je passais avec Amma me rappelait combien chaque journée qui passe est précieuse. C'était l'ivresse permanente, la fête jour et nuit. Quand nous partions faire la corvée d'eau à trois heures du matin, Amma était déjà arrivée à la jetée avec le plus grand des récipients. Quand on lui demandait pourquoi, elle répondait qu'elle était habituée à porter de lourdes charges. Je suppose qu'un pot rempli d'eau semble léger à quelqu'un qui porte le fardeau de l'humanité ! A cette époque, il fallait attendre longtemps pour avoir de l'eau au robinet. C'était un vrai *tapas*. De toute la matinée, il n'y avait pas d'eau au robinet. Nous devions donc approvisionner l'ashram en eau avant le lever du jour. Amma tenait à ce qu'aucun des dévots qui viendraient au *darshan* ne manque d'eau. Elle nous apprenait à ne laisser passer aucune occasion de servir autrui.

Le nombre des résidents de l'ashram se comptait alors sur les doigts d'une main. L'ashram n'avait pas encore d'existence officielle. Il n'était même pas matérialisé par la moindre hutte. Nous couchions sur le sable devant le *kalari* et nous nous endormions en contemplant les étoiles. C'était une vraie méditation. Le seul bâtiment existant était le *kalari* où Amma donnait le *darshan*. Sur l'autel de ce sanctuaire se trouvaient une épée et un trident, les armes divines qu'utilise Devi pour déraciner l'ego et nous transmettre la sagesse ! L'ego est anéanti quand il est confronté à l'amour. Amma prouve que l'amour réussit là où échouent les armes. Il est impossible que Devi s'arme d'une épée et d'un trident. Ce ne sont que des symboles, dit Amma. D'ailleurs pourquoi Devi aurait-elle besoin d'armes ? Elle peut tout transformer d'un simple mouvement de sa volonté. Quand nous vivons avec elle, tous nos doutes et nos inquiétudes disparaissent. Une mère ne prendra jamais les armes contre ses enfants. Il faut donc considérer que les seules armes que manie Kali sont l'amour, la compassion et autres qualités divines. L'ego a beau lever son capuchon, tel un serpent prêt à mordre, devant l'amour, il ne peut que s'incliner.

Upavasa

19

Au début, l'ashram était beaucoup moins peuplé que maintenant et Amma pouvait passer davantage de temps avec les *brahmacharis* et les *brahmacharinis*. Elle s'assurait que nous respections l'emploi du temps qu'elle avait institué et surveillait nos pratiques spirituelles. Elle voulait que nous méditions huit heures par jour et elle nous accompagnait. Elle tenait beaucoup à ce que nous méditions tous ensemble et que nous restions assis sans bouger ni ouvrir les yeux. Il lui arrivait parfois d'apporter des petits cailloux et de les lancer sur ceux qui manquaient de vigilance. C'était un moyen de nous avertir quand le mental vagabondait et qu'il cessait de se concentrer sur la forme de Dieu. Quand Amma se mettait à méditer, il pouvait s'écouler des heures avant qu'elle n'ouvre les yeux. En sa présence, nous arrivions à rester assis aussi longtemps. Près d'elle, il est facile de se concentrer sur un seul point. C'est pourquoi personne n'éprouvait de difficulté particulière. A quatre heures du matin, même quand elle était très occupée, Amma vérifiait que tout le monde était bien réveillé et secouait ceux qui dormaient encore. Amma passait parfois la nuit dans la véranda devant la salle de méditation et, si elle s'apercevait qu'il manquait ne serait-ce qu'un seul d'entre nous, elle n'avalait rien de la journée, pas même une goutte d'eau. Nous acceptions ses reproches mais personne ne supportait de la voir se priver de nourriture et de s'infliger des souffrances physiques. Si bien qu'il n'y avait pratiquement aucun manquement à notre routine quotidienne qui comprenait huit heures de méditation, la récitation du *Lalita Sahasranama,* des exercices de *hatha yoga,* l'étude des textes védiques et le chant dévotionnel, et tout cela sans faute.

Un jour, Amma est entrée dans la salle de méditation et nous a annoncé que nous allions devoir observer au moins un jour de jeûne et de silence par semaine pendant lequel nous resterions dans la salle de méditation à méditer et à réciter notre mantra. Elle a choisi le samedi.

Le samedi suivant, tout le monde est venu s'asseoir dans la salle et s'est plongé dans sa *sadhana.* Dans la matinée, elle nous a apporté du lait coupé d'eau et avant de partir, elle nous a rappelé que personne ne devait manger de la journée.

A 11 heures, elle est revenue avec un pot en terre et nous a dit : « Les enfants, il ne faut pas mourir de faim ! Il n'y a pas de mal à manger des bananes. » Elle nous a distribué des bananes plantain cuites et nous a servi du café au lait sucré. « Ne mangez rien d'autre, » nous a-t-elle rappelé. Puis elle est partie.

Tout le monde est retourné à sa méditation et à son *japa* (répétition d'un mantra). Amma est revenue deux ou trois fois nous surveiller par la fenêtre, puis nous ne l'avons pas revue pendant un long moment. Chacun de nous suivait les instructions d'Amma et regardait un portrait de sa divinité d'élection en s'efforçant de la visualiser intérieurement.

Il était un peu plus de deux heures de l'après-midi. Personne n'avait quitté la salle. Amma est apparue à la porte. Sur son visage défait, il y avait des traînées de suie ainsi que sur son corsage et sa jupe. Des gouttes de sueur perlaient à son front. Elle nous a regardés un à un avec beaucoup de compassion puis elle a dit : « Mes enfants, Amma s'en veut. C'est à cause de ce qu'elle vous a dit que vous vous êtes privés de nourriture. Mon Dieu, je suis trop cruelle ! En voyant toute l'acceptation dont font preuve ses enfants, Amma n'a pu se retenir d'aller dans la cuisine vous préparer du riz et des légumes au curry. Amma n'a pas le cœur de vous priver de manger. Cela la bouleverse. Levez-vous vite, Amma va vous servir. »

Amma nous a tous fait manger. Un dévot qui avait assisté à la scène s'est mis à rire. « Le mot « *upavasam* » (jeûne en malayalam) signifie « être près de Dieu », a-t-il dit. Aussi, même s'ils mangent, les enfants d'Amma ne rompent pas leur jeûne. Après tout, ne sont-ils pas tout le temps près d'Amma ? »

En réalité, en présence du Seigneur, la faim et la soif disparaissent. C'est seulement lorsque Amma nous y a fait penser que nous avons eu envie de manger. Son affection maternelle si douce nous faisait perdre toute conscience du corps. Nous nous passions de nourriture et de sommeil avec un enthousiasme incroyable dans le but d'obtenir une vision de Dieu ! Personne ne peut se satisfaire des seuls plaisirs matériels. Il est possible de faire l'expérience de la béatitude dans cette vie-ci mais uniquement en faisant une *sadhana* et par la grâce du *guru*. La méditation, le *japa*, les bonnes actions, l'observance de vœux sont tous des moyens d'atteindre la félicité spirituelle mais la meilleure façon d'y arriver c'est de vivre avec des mahatmas. En leur présence, les impuretés du mental sont petit à petit brûlées.

Même si la réalité suprême est déjà à l'intérieur de nous, nous avons un long chemin à parcourir avant d'en prendre conscience. Dans tout l'univers, qu'avons-nous de plus proche que notre âme ? L'expérience de la conscience immuable, immortelle, pleine de béatitude et toute puissante est radicalement différente de notre expérience ordinaire. Tout comme le jour n'a rien à voir avec la nuit. C'est pour cette raison qu'il est impossible de réaliser la Vérité sans l'aide de quelqu'un qui connaît déjà le Soi. La nature du lien que nous établissons avec Amma est totalement différente de toute autre relation. Amma se mêle à nous en prenant une apparence ordinaire pour nous conduire jusqu'au monde du Soi. Tout, absolument tout ce qu'elle fait a un sens.

Pèlerinage à Arunachala

20

Amma se rendait chaque année à Tiruvanamalai dans l'ashram que lui avait donné Neal Rosner (aujourd'hui Swami Paramatmananda Puri), un disciple américain. Il y a, dans cette ville, un vieux temple où l'on fête le jour de *Karthika* du mois de *Vriscika* car il est considéré comme particulièrement sacré. Les jours précédant le festival, des fidèles affluent de toute l'Inde pour voir et honorer la lampe qui est allumée ce jour-là, pour faire le tour de la montagne sacrée à pied et pour participer au défilé de chars. En général, Amma arrivait la veille du jour où l'on allumait la lampe.

Je garde encore un souvenir très vif du premier séjour d'Amma à Tiruvanamalai. Nous y étions allés en train. Inutile de préciser que le voyage en compagnie d'Amma a été une partie de plaisir. Elle impressionnait tout le monde par son espièglerie enfantine. Elle arpentait le couloir du train comme un contrôleur qui vérifie les tickets et disait : « Fils, as-tu eu des cacahuètes ? Veux-tu un peu d'*avil* (flocons de riz) ? Qui n'a pas encore eu de bananes ? » De temps en temps, elle s'asseyait au milieu des voyageurs pour chanter des *bhajans*.

Les passagers contemplaient avec étonnement cette jeune fille virevoltante, vêtue d'une jupe et d'un corsage. Amma n'hésitait jamais à distribuer du *prasad*, même à ceux qu'elle ne connaissait pas. Mieux encore, elle s'asseyait à côté d'eux pour échanger des plaisanteries.

Le crépuscule tombait. Je regardais par la fenêtre les palmiers s'estomper à l'horizon. Le soleil couchant teintait le ciel de jaune safran. Il projetait une lumière vermeille sur le visage des voyageurs. Chacun de ces visages ainsi colorés contemplait Amma avec respect. Le soir venu, c'est avec enthousiasme que nos compagnons de voyage ont chanté des *bhajans* avec nous. Des passagers d'autres compartiments se sont entassés dans le nôtre. Pris par le rythme des chants, certains se sont mis à danser. A la fin des *bhajans,* il y a des gens qui ont voulu savoir qui était Amma. Certains lui ont embrassé les mains. D'autres, subjugués par son visage d'ange, ne la quittaient pas des yeux. A cette époque-là, peu de gens avaient entendu parler d'Amma mais beaucoup de fidèles du Tamil Nadu venaient régulièrement voir Amma à Vallickavu. A chaque gare, plusieurs d'entre eux, guirlandes à la main, attendaient le passage d'Amma pour monter dans le train et se joindre à nous. Notre groupe, constitué au départ d'une vingtaine de *brahmacharis* et de dévots, a progressivement pris beaucoup d'ampleur.

A notre arrivée à Tiruvanamalai, nous avons trouvé des fidèles venus accueillir Amma. Parmi eux, se trouvait une femme parsi, appelée Bhagavan Priya, qui avait vécu pendant 33 ans avec Ramana Maharshi[1]. Elle a offert une guirlande de bienvenue à Amma au nom du Ramana Ashram avant de la conduire à l'ashram. Après avoir chanté des *bhajans*, Amma a commencé à donner le *darshan*. Un attroupement important s'est rapidement formé autour d'elle.

Le lendemain, des centaines de milliers de personnes allaient affluer pour assister au défilé de chars du temple de Tiruvanamalai. Ces mastodontes, plus hauts que les maisons, étaient déjà alignés, prêts pour le festival. Nealu tenait absolument à ce qu'Amma voie

---

[1] Maître spirituel éveillé (1879-1950) qui vécut à Tiruvanamalai dans le Tamil Nadu. Il conseillait le questionnement intérieur comme voie spirituelle tout en approuvant d'autres types de pratiques spirituelles.

le défilé et Amma a finalement accepté. Il avait déjà prévu un endroit tranquille qui permettrait à Amma et à ses compagnons d'assister au spectacle. Il s'agissait de la terrasse d'un bâtiment de deux étages donnant sur la rue et situé tout près du temple. Les chars remplissaient la cour intérieure du temple. Des milliers de gens en file indienne tenaient les épaisses cordes qui permettraient de tirer les chars. Nealu et les autres fidèles ont escorté Amma à l'endroit prévu. Tout le monde s'était déjà installé, qui dans une boutique, qui sur un mur, qui dans les maisons ou sur les terrasses. Il n'y avait pas un seul millimètre carré d'espace vide au milieu de la marée humaine qui grouillait. Les policiers essayaient de calmer la foule à coups de sifflets, craignant qu'elle ne devienne incontrôlable dès que les chars avanceraient. Les fidèles qui tireraient avec ferveur ces lourds engins perdraient alors toute maîtrise d'eux-mêmes sous l'emprise de la dévotion. Une fois que les chars se seraient mis en branle, il serait donc très difficile de les arrêter. Les policiers s'efforçaient d'empêcher les dévots de rester au milieu de la route pour éviter qu'ils ne se fassent renverser par les colosses. Il fallait attendre que l'ordre soit rétabli avant de commencer à tirer les chars.

Soudain, un homme a surgi de la foule et est monté en courant sur la terrasse. Il portait un turban et des tas de vêtements superposés. Il tenait un éventail à la main. Son accoutrement lui donnait un air bizarre. Les gens se sont écartés respectueusement pour lui laisser le passage.

Qui pouvait-il bien être ? Surpris, je l'ai dévisagé attentivement. Souriant, il a tranquillement traversé la terrasse. Son regard avait un éclat peu ordinaire. Cet homme étrangement vêtu s'est approché d'Amma, son éventail à la main. C'était un *avadhuta* qui s'appelait Ramsurat Maharaj. Ce yogi avait repéré Amma au milieu de la foule et couru jusqu'à elle. Debout près d'elle, il la regardait fixement en l'éventant. Amma l'a caressé affectueusement. Ils parlaient la langue du silence et nous ne comprenions pas ce qu'ils se disaient. Cependant, leur calme majestueux nous a transformés, au moins pour un bref moment, en sentinelles muettes. Nous assistions sans mot dire à l'éclosion des différentes expressions de la Mère Universelle qui fleurissaient sans retenue sur le visage de lotus d'Amma. Quelques minutes plus tard, il est redescendu et a disparu dans la marée humaine. Nous ne pensions plus du tout au défilé de chars. Cet incident nous a rappelé, une nouvelle fois, qu'en présence d'Amma, rien d'autre ne compte.

J'ai entendu un coup de canon et, en regardant en bas, j'ai vu que les chars avaient démarré. Les fidèles, au comble de la ferveur, commençaient à avancer. En voyant les policiers lutter pour écarter les gens du défilé, l'excitation a redoublé.

Amma a changé subitement d'humeur :

« Je veux partir d'ici tout de suite, a-t-elle insisté d'un air têtu. Nous étions stupéfaits.

– Où veux-tu aller ?

– Je n'ai pas envie de rester ici.

– Amma, tu ne peux pas partir maintenant. Tant que les chars sont là, on aura du mal à s'en aller. Les escaliers sont bourrés de monde ainsi que les rues. » Nealu et nous étions abasourdis.

Mais tous nos efforts ont été vains, Amma n'a pas cédé. Elle nous a poussés et a descendu rapidement les marches. Elle s'est faufilée dans la foule et a dû en bénir plus d'un en leur marchant sur les pieds par inadvertance. Nous avons couru à sa poursuite.

Amma n'a pas conscience de son corps et elle n'y est pas attachée. Les disciples ont le devoir de protéger le corps de leur *guru*. Nous tenant par les mains, nous avons fait un cordon de sécurité autour d'elle pour la protéger. Mais nous n'avons pas tenu bien longtemps. Happés par un tourbillon humain, nous avons lâché prise. Ballotés en tous sens et emportés par le courant, nous étions prisonniers de la foule.

Non seulement, nous ignorions où était Amma, mais en plus, nous étions perdus et complètement épuisés. Les soi-disant gardes du corps qui avaient fait une chaîne pour la protéger vaillamment avaient disparu. Soudain, quelques personnes se sont frayé un chemin dans la foule pour venir à notre secours. C'était des fidèles d'Amma qui vivaient à Madurai. Ils ont poussé une grille et nous ont fait entrer à l'intérieur d'une maison.

« Il faut retrouver Amma en vitesse ! » leur ai-je dit. Ils ont éclaté de rire. Nous nous sommes regardés, incapables de comprendre ce qui les faisait rire.

« C'est Amma qui nous a envoyés à votre recherche, ont-ils dit, elle est déjà ici ! »

Nous nous sommes alors aperçus qu'Amma était effectivement là, assise sous le porche de la maison, et nous avons réalisé l'ironie de la situation ! Amma avait dû mobiliser des gens pour nous venir en aide alors que c'était nous qui étions censés être ses gardes du corps. Elle n'avait besoin d'aucune protection. Tel était son message implicite.

Comment avait-elle réussi à gagner cette maison ? Personne parmi nous ne savait que des dévots habitaient dans le voisinage. La visite inopinée d'Amma avait comblé de joie et de bonheur toute la maisonnée. Nos vêtements étaient en lambeaux. Quand Amma a vu dans quel état nous étions, elle a éclaté de rire.

« On dirait que vous avez été bousculés ! Amma a reçu des bons coups ! C'était très amusant! »

Dieu aime à être roué de coups par ses dévots. Amma a raconté des blagues pour tenter de nous dérider. Elle s'amuse de tout. Comment ceux qui prennent plaisir à tout pourraient-ils avoir du chagrin ? Si vous chantez leurs louanges ils sont heureux, si vous les critiquez ils le sont encore plus ! Ils sont contents de gagner et plus encore de perdre. Ils sont heureux de jouir du confort matériel et plus encore de traverser des épreuves ! Etant donné qu'ils sont capables de transformer tout événement en source de félicité, rien ne peut les attrister.

Peu à peu, tous les membres du groupe qui accompagnait Amma sont arrivés dans cette maison. Enfin, porté par plusieurs personnes, Nealu est arrivé à son tour. Né en Amérique dans une famille juive, il s'est adressé en malayalam à Amma : « Ma Mère, je crois que je suis mort ! Mon ego a été complètement anéanti ! C'est la dernière fois que j'insiste pour qu'Amma assiste au défilé de chars ! »

A ces mots, Amma a hurlé de rire. Ce rire en cascade a dû retentir jusqu'à l'autre bout de l'univers tant il semblait lourd de sens.

Le but du *guru,* c'est de réduire en miettes notre ego. Dieu nous a donné tout ce qui nous est nécessaire. La seule chose qui nous manque c'est de savoir tout ce que nous avons besoin de savoir. Le *guru* est venu nous aider à en prendre conscience. Pour cela, il faut enlever une à une toutes les couches superposées d'ego.

« Quand même, Amma n'aurait pas dû se sauver ainsi, ont protesté ceux qui l'accompagnaient. »

Amma a changé immédiatement de personnalité. C'est d'une voix chargée de gravité que le *guru* en elle a parlé : « Mes enfants, pensiez-vous vraiment qu'Amma allait rester confortablement assise au-dessus de la mêlée à regarder le défilé de chars tandis que dix mille personnes avaient du mal à tenir debout ? M'amuser quand les autres souffrent ? Très peu pour moi.»

Ses paroles ont claqué comme des coups de tonnerre. *Comment puis-je m'amuser quand les autres souffrent ?* C'était un message précieux que je ne n'oublierai jamais. Il s'imprimait en moi en vagues successives qui venaient frapper le rivage de mon esprit.

Les mahatmas ne peuvent jamais penser à leur bonheur personnel car ils sont l'incarnation du sacrifice de soi. En les observant attentivement, on s'aperçoit que leur façon de vivre met en évidence la suavité de l'amour et la grandeur du sacrifice de soi. Amma nous montre comment assumer nos responsabilités tout en savourant chaque seconde de l'existence. Chaque action devient belle quand elle exprime l'amour. C'est l'amour qui donne naissance aux gestes désintéressés. L'amour divin s'écoule sans raison aucune. Chacune de nos pratiques spirituelles devrait avoir pour but d'éveiller cet amour divin. La présence sacrée du *guru* insuffle le parfum et la fraîcheur de l'amour dans notre vie. Elle nous protège contre le danger de vivre machinalement et fait de chacune des expériences que nous traversons un moyen de trouver Dieu.

Le *guru,* incarnation de l'amour et du sacrifice de soi, est un phare de sagesse. Il est la lumière guidant les êtres en détresse qui dérivent au hasard dans l'océan du *samsara.* L'affection maternelle d'Amma donne à ses enfants la force de dépasser *maya* et de pousser les portes qui mènent à la voie de la libération.

Dans l'ancien temps, un disciple devait attendre des années avant que le *guru* ne s'adresse directement à lui. C'était pour tester sa patience et son degré de renoncement. Il semble que les tests pratiqués dans les *gurukulas*[2] d'antan étaient autrement plus difficiles que les examens d'entrée dans les écoles d'aujourd'hui !

Un beau jour, un disciple vient voir un *guru.* Celui-ci est assis en pleine méditation, les yeux fermés. Le disciple attend qu'il ouvre les yeux. Il attend des années…Puis il a le bonheur de voir le regard aimant du *guru.* Ce dernier referme les yeux pour ne les ouvrir que des années plus tard. Le disciple se réjouit. Cependant, quelques

---

[2] Littéralement, le clan du précepteur (*guru*). Autrefois, les élèves vivaient dans l'ermitage du *guru* pendant toute la durée de leurs études, soit une douzaine d'années.

minutes plus tard, le *guru* ferme de nouveau les yeux et reprend sa méditation. Les années passent. Un jour, le *guru* ouvre les yeux pour contempler le disciple qui médite sur les pieds du *guru*. Le disciple est saisi de ravissement. Le *guru* ferme encore une fois les yeux. Le disciple attend patiemment. Il oublie de manger et de dormir. De nombreuses années passent ainsi puis le *guru* ouvre les yeux. Il prend le disciple dans ses bras et, dans cette étreinte, le disciple réalise le Soi. Tous ceux qui vivent en présence d'un *guru* vous diront la même chose : ils vous parleront du sacrifice de soi ! Ces bienheureux et vivants témoignages d'amour trouvent la paix ultime, l'élixir divin qui les libère du *samsara*.

Dieu n'est pas éloigné de nous. Il est ici-même dans la présence du *guru*. Arrêtons-là notre quête d'un *guru*. Les humains ne sont pas voués à l'errance au milieu des vagues de l'océan du *samsara*. En ouvrant l'œil de l'amour, nous verrons Dieu partout ! L'apathie et la peur disparaîtront à tout jamais. Un *guru* est comparable à l'alchimiste qui transmute le métal en or. L'amour transforme complètement notre substance intérieure. Quand nous changerons intérieurement, nous verrons le monde extérieur devenir autre. Quand le monde visible est privé d'amour, il apparaît matériel. Quand il est imprégné d'amour, il devient le terrain de jeux de Dieu.

Le tour de la montagne d'Arunachala.

Les fidèles qui viennent assister à la fête de la lumière de Tiruvanamalai le jour de Kartika accomplissent également une marche rituelle autour du pied d'Arunachala. Pour Ramana Maharshi, Arunachala n'était pas simplement une montagne. C'était le Tout-Puissant. « Père ! » s'exclamait-il souvent avant de faire le tour de la montagne en rampant. Les mahatmas voient Dieu là où nous ne voyons que des objets inanimés.

Il aurait fallu parcourir 12 kilomètres pour faire le tour de la montagne. Comme nous l'avions escaladée la veille, nous étions fatigués. Aucun d'entre nous n'a donc voulu tenter ce périple. En fin d'après-midi, quelqu'un est venu nous prévenir qu' « Amma avait disparu ! »

Nous nous sommes levés d'un bond pour courir à sa recherche. Comme il était relativement tard, nous avons loué une voiture à cheval pour pouvoir explorer plusieurs endroits. Le souvenir d'un épisode survenu au cours de notre ascension de la veille m'est revenu à la mémoire. Amma était entrée dans l'une des grottes qui truffent la montagne et s'était mise à méditer. Un long moment s'était écoulé sans qu'elle ouvre les yeux. Nous avions eu beaucoup de mal à la sortir de sa méditation. Même après avoir ouvert les yeux, elle avait refusé de nous suivre. Ce n'était qu'à force de cajoleries qu'elle avait retrouvé son état ordinaire. En quittant la grotte, Amma avait dit ceci : « Je n'ai pas du tout envie de m'en aller d'ici. Je dois lutter contre mon désir de rester. Je n'arrive à me contrôler qu'en pensant à mes enfants. »

Elle a dit plus tard : « Amma est toujours en train de vous gronder. Ne soyez pas tristes à l'idée qu'Amma ne vous aime pas. Si elle vous fait tant de reproches c'est uniquement par amour. Vous êtes la richesse d'Amma. Elle a renoncé à tout sauf à ses enfants ! Quand vous serez la lumière du monde, Amma sera réellement heureuse. Elle n'a pas besoin de vos louanges ni de vos services. Aguerrissez-vous pour porter le poids du chagrin du monde. »

Nous pensions donc qu'Amma était dans l'une des nombreuses grottes de la vaste montagne d'Arunachala. Mais laquelle ? Nous étions au désespoir. Nous nous sommes rendus sur place pour la chercher. Entretemps, la voiture attelée était arrivée au pied de la montagne. Nous sommes montés en voiture et avons parcouru environ cinq kilomètres sur la route qui encercle la montagne avant de repérer Amma. Elle marchait devant nous. Arrivés à sa hauteur, nous avons sauté de la voiture et couru vers elle. Ses doigts dessinaient un *mudra*. Son visage arborait un sourire enchanteur. Ses yeux étaient mi-clos. Elle marchait en titubant. La déesse Parvati honorait Parameshvara en tournant autour de lui. Voilà l'image qu'évoquait pour moi ce spectacle ! Nous nous sommes mis à marcher à côté d'elle, suivis par la voiture à cheval. Nous psalmodions des mantras védiques pour la faire redescendre des sommets où elle planait. Avec ferveur, nous avons chanté des *bhajans* à tue-tête tout en accomplissant le tour de la montagne. A force de répéter le *pranava mantra* « Om », de réciter les mantras pentasyllabiques, de chanter des *bhajans*, nous nagions en pleine béatitude dévotionnelle. Après avoir marché un bon moment, Amma s'est retournée vers nous et nous a regardés avec compassion. Son regard était assez puissant pour réduire en cendres notre fardeau karmique et nos *vasanas* ! Petit à petit, Amma est redescendue à notre niveau. Elle s'est mise à raconter des blagues et à parler un peu. Peu après, elle s'est assise sous un arbre au bord de la route. Nous nous sommes agglutinés autour d'elle. Nous avons pris un peu de repos avant de reprendre notre périple. Nous avons eu beau insister, elle n'a jamais voulu monter dans la voiture. Nous avons parcouru environ douze kilomètres à pied. A notre arrivée à la fin du circuit, Amma a remarqué la présence d'un charmeur de serpents. Il les faisait se balancer en musique. Avec une curiosité d'enfant, Amma ne se lassait pas de contempler ce spectacle.

« Mes enfants, savez-vous pourquoi les serpents n'ont ni bras ni jambes ? »

Tout le monde s'est mis à rire de sa question. Elle a donné elle-même la réponse : « Quand ils en avaient, ils en ont sûrement fait mauvais usage. C'est peut-être le sort réservé aux personnes qui agissent de même. Pensez-y. »

L'expression de son visage a changé. Il était maintenant empreint de la dignité et de la majesté du *guru*. Elle a poursuivi : « Mes enfants, Amma sait que vous l'aimez plus que tout et que quiconque. Vous ne reconnaissez aucun autre Dieu. Vous n'aviez donc pas besoin d'accomplir cette marche rituelle. Mais la société prend exemple sur vous. Nos ancêtres étaient capables de voir Dieu dans la personne du *guru*, mais ce n'est plus le cas de nos jours et ce genre de rituels est nécessaire pour les gens ordinaires. Ils les apprendront d'êtres tels que vous. Vous devez montrer l'exemple par votre pratique personnelle. C'est pourquoi vous devez suivre les règles prescrites. Vous aiderez ainsi les humains qui errent dans la forêt de la transmigration à évoluer. Il fallait qu'Amma se conduise comme elle l'a fait pour vous enseigner cela. »

Les paroles d'Amma étaient un nectar édifiant. Nous sommes tombés à ses pieds sacrés et l'avons priée de nous aider : « Amma, donne-nous la bonté. Fais que nous soyons capables de sacrifier notre vie pour le bien d'autrui. »

Simplicité et sagesse

21

Contrairement à la majorité des gens, qui s'empressent de faire valoir leur moindre talent, les maîtres masquent leur sublime grandeur et savourent leur vie en ce monde. Mais à l'occasion, ils laissent échapper des bribes de leur richesse et nous les recueillons avec émerveillement.

J'ai un jour entendu un dévot poser la question suivante à Amma : « Pourquoi les mahatmas cachent-ils leur puissance et jouent-ils à se comporter comme une personne ordinaire ? »

Amma lui a répondu par une autre question : « Pourquoi les policiers se déguisent-ils parfois au cours d'une enquête ? Pourquoi vont-ils jusqu'à faire semblant d'être des voleurs ? »

J'ai souvent eu le sentiment qu'Amma ressemblait à l'un de ces policiers. Elle n'a endossé une apparence humaine que dans le but de nous attacher à elle grâce à son amour. Pourquoi nous attacher à elle ? Pour nous libérer de tous les attachements qui nous enchaînent. Pour nous donner la liberté éternelle. Pour nous aider à trouver la paix.

Amma a beau faire tout ce qu'elle peut pour camoufler sa véritable nature, elle n'y réussit pas toujours, surtout aux yeux de ceux qui la suivent comme son ombre. C'est pour cette raison que les résidents de l'ashram entrevoient souvent sa grandeur, tout au moins une petite partie de celle-ci.

Je me souviens d'un événement qui s'est passé après mon installation à l'ashram. Un matin, à l'aube, en quittant le *kalari* après l'*archana* et la méditation, j'ai vu Amma qui écrivait à toute vitesse sous la véranda. Je me suis lentement dirigé vers elle. A mon approche, elle a prestement couvert le texte qu'elle avait écrit de sa main. Elle a levé les yeux vers moi en disant : « Fils, ce n'est pas le moment de me déranger ! » J'ai obéi.

Cependant ma curiosité avait été éveillée. « Que pouvait-elle bien écrire ? Attendons qu'elle ait fini, » ai-je décidé. En quelques heures, Amma a rempli deux cahiers de quatre-vingts pages. Je suis retourné la voir et lui ai demandé :

– Amma, qu'est-ce que tu écrivais?

– Rien.

– Comment rien ! Mais je t'ai vue remplir deux cahiers à une vitesse folle.

Elle s'est contentée de sourire en disant :

– Je ne m'en souviens pas.

« *Les événements des millions d'années écoulées me sont apparus* » avait-elle écrit dans un poème quelques années auparavant. Si elle se souvenait de chaque incident survenu au cours de milliers de vies, comment aurait-elle pu oublier ce qui venait de se passer ? Sa réponse a aiguisé mon envie de savoir ce qu'elle avait écrit.

Sans ajouter un mot, Amma s'est sauvée avec les cahiers ! Je l'ai cherchée partout mais en vain. Je savais qu'elle avait le pouvoir de se rendre invisible. Mais pourquoi s'était-elle enfuie avec ses cahiers ? Et si je les lisais ? Je ne l'ai revue qu'en fin d'après-midi : allongée dans la cocoteraie, elle dormait profondément. J'ai fouillé tout l'ashram à la recherche des cahiers sans réussir à les découvrir. J'ai fini par y renoncer.

Plusieurs mois ont passé. Un jour, tandis que je faisais le ménage dans la hutte d'Amma, mon attention a été attirée par un coffret en bois. Des fourmis en sortaient de tous les côtés. Je l'ai ouvert et j'ai vu qu'il contenait les cahiers qu'Amma avait écrits. J'ai eu un élan de reconnaissance pour les fourmis qui m'avaient permis cette découverte ! J'ai ouvert l'un des cahiers à la première page et ce que j'ai lu m'a laissé pantois ! Amma y expliquait les mystères les plus obscurs et les plus profonds de l'univers dans un style merveilleux. La beauté poétique qui se dégageait du texte était sublime. J'étais en train de lire la deuxième page quand j'ai aperçu Amma de loin qui venait en direction de la hutte. J'ai remis les cahiers en place.

A cette époque, un dévot de Trivandrum qui venait régulièrement à l'ashram avait écrit des épigrammes à partir de certaines exquises paroles d'Amma. Amma lui avait donné la permission de les publier. Ce recueil devait être la première publication de l'ashram. Je me suis mis à songer qu'il serait formidable d'y ajouter ce qu'elle venait d'écrire. Les gens pourraient ainsi apprécier Amma à sa juste valeur.

Je suis allé rapidement à la hutte, j'ai ouvert le coffre et j'étais en train de prendre les cahiers quand Amma est apparue à l'improviste. Elle m'a arraché les cahiers des mains. J'ai tenté de les récupérer. Je savais qu'elle était la Toute Puissance incarnée et que je perdrais la bataille, néanmoins je ne voulais pas avoir à regretter plus tard de ne pas avoir tout mis en œuvre pour les obtenir ! Amma m'a vaincu sans effort et m'a repris ses cahiers. Elle les a déchirés en mille morceaux avant de les jeter dans la lagune. Cependant, quand Amma m'avait arraché les cahiers, il m'était resté quelques pages dans les mains. Je me suis sauvé avec ces quelques pages, réconforté à l'idée de ne pas avoir tout perdu ! Le texte contenu dans ces pages a été publié plus tard sous le titre de « Amrita Upanishad » dans la première publication de l'ashram.

Dans l'œuvre qu'a écrite Amma de ses mains divines, on apprend, entre autres choses, comment l'âme pénètre dans la matrice et quelles souffrances karmiques elle endure quand elle se souvient de ses péchés passés, comment elle supplie Dieu et s'abandonne lui, comment elle arrive sur terre nantie d'un corps chargé du fardeau du plaisir et de la douleur, comment elle passe sa vie à errer entre plaisir et douleur. A la lecture de tout cela, il apparaît clairement qu'Amma est omnisciente. Cela saute aux yeux.

Amrita Upanishad

Le corps est la cause de la souffrance. Tous les chagrins sont dus au corps. Celui-ci n'est qu'un paquet de souffrances qui découlent du karma. Chacune de nos actions est accomplie avec égoïsme, c'est-à-dire en croyant à l'existence d'un « je ». L'ego naît de l'ignorance. Le corps prend vie au contact de l'Atma omniprésent de la même manière qu'un morceau de métal est chauffé au rouge au contact du feu. Sous l'emprise de Maya, l'Atma croit qu'il est le corps. C'est cette conception erronée qui capture tous les êtres dans les mailles du samsara. C'est pourquoi le mental n'atteint pas le chemin de la Libération. Selon que l'on a fait plus d'actions méritoires ou de péchés, on obtient une naissance plus ou moins élevée. Ce sont les actions, vertueuses ou non, qui engendrent un corps. Il y a des gens qui exécutent des sacrifices et se conduisent charitablement parce qu'ils veulent aller au paradis après leur mort. S'ils atteignent le paradis après la mort, ils pourront y rester et profiter du bonheur céleste jusqu'à l'épuisement du bénéfice de leurs bonnes actions. Ensuite, ils tomberont la tête la première dans la sphère lunaire. Là, ils s'uniront avec des particules de glace et tomberont sur terre. A leur arrivée, ils deviendront des aliments, au même titre que les grains de riz, qui, une fois mangés par un être humain, se transforment en cellules sanguines. Ces particules-là deviendront la semence masculine qui sera déposée dans un utérus féminin, s'entourera immédiatement d'une membrane et se développera. Voici un résumé du processus de croissance.

Le premier jour, la semence et le sang s'unissent pour former un embryon. En cinq jours, ce dernier atteint la taille d'une grosse goutte ; en dix, il devient un morceau de chair et, quinze jours plus tard, il se recouvre de petites gouttes de sang. Les vingt-cinq jours qui suivent voient l'amorce des membres. Au bout de trois mois, les membres ont des articulations et les doigts apparaissent pendant le quatrième mois. Au cours du cinquième mois apparaissent les gencives, les ongles, l'appareil reproducteur, le nez, les yeux et les oreilles. Au sixième mois, les oreilles se creusent d'un conduit. Au septième mois, les organes génitaux, l'ombilic, les bras et la bouche se développent. Au huitième mois, les cheveux commencent à pousser sur la tête et les poils sur le corps. Au neuvième mois, le fœtus commence à bouger ses bras et ses jambes dans l'utérus. La force vitale est présente dans le fœtus dès le cinquième mois. Les nutriments contenus dans la nourriture qu'absorbe la mère sont acheminés jusqu'au fœtus grâce au cordon ombilical qui est attaché au col de l'utérus et relié à de fins vaisseaux sanguins qui transportent les nutriments qui vont nourrir le fœtus. Une fois que le corps est achevé et que la force vitale se manifeste pleinement, l'enfant se souvient de ses vies antérieures et se dit : « Mon Dieu ! Combien de fois ai-je été porté par une femme ! Que de mal j'ai fait ! Tous ces biens acquis par des moyens injustes ! Au cours de toutes ces vies passées, je n'ai pas eu une seule pensée pour toi, je n'ai pas répété un seul de tes noms sacrés. Ô mon Dieu ! La souffrance que je traverse maintenant est la conséquence de tout cela. Quand pourrai-je sortir de cet enfer ? Si je nais de nouveau, je ne ferai jamais rien de mal. Je ferai de mon mieux pour accomplir uniquement des actes vertueux. »

C'est avec ces nobles pensées et ces prières qu'il adresse au Seigneur, qu'au bout de dix mois lunaires, l'enfant émerge du vagin sous la pression des contractions au moment de l'accouchement. Même s'il reçoit beaucoup d'amour et d'attention de ses parents, il connaîtra des chagrins insupportables pendant son enfance. Tout comme il est sûr que les gens souffrent d'une façon ou d'une autre, même dans la jeunesse et la vieillesse. Il n'y pas grand-chose à en dire. Le corps n'est qu'un sac rempli de chagrins. C'est parce ce qu'ils s'identifient à lui que les êtres humains connaissent le plaisir et la souffrance. Il est sûr et certain que les souffrances de la naissance et de la mort sont dues au corps. L'Atma est éternel et distinct du corps subtil et du corps grossier. Il faut prendre conscience de cette réalité et cesser d'aimer le corps afin de vivre en Connaisseur de l'Atma. Toute ignorance s'évanouira une fois que vous saurez que l'Atma – qui est à tout jamais pur, paisible, éternel, éveillé, indivisible, transcendant, qui est le Soi unique de tout l'univers, le suprême Brahman – est distinct du monde phénoménal de Maya. Gardez ce principe présent à l'esprit tant que vous vivez sur terre en attendant que votre prarabdha karma soit épuisé.

Manifestations
du Divin

22

En vivant avec Amma, nous avons maintes occasions d'observer son innocence, tant sur le plan physique que mental. Il y a quelques années, un dévot a apporté un paquet de bonbons. Amma nous a appelés : « Les enfants, venez voir les beaux bonbons ! » Elle nous les a distribués équitablement mais elle a soigneusement mis de côté les papiers qui les enveloppaient. Quand nous les avons réclamés, elle a répondu : « Non, je ne les donne à personne, ils sont trop jolis, je les veux ! » Quelques heures plus tard, nous avons trouvé les papiers de bonbons épars sur le sol. Amma ne garde vraiment rien pour elle. « Tout est pour mes enfants. » Tel est le message que ces papiers éparpillés m'ont transmis.

Il arrivait parfois que des fidèles habitant loin de l'ashram invitent Amma chez eux. Nous allions avec elle. Quand nous passions devant une rivière, nous arrêtions la voiture pour aller nous baigner. Amma plongeait dans l'eau et refusait en général d'en sortir. Après l'avoir vainement suppliée, nous renoncions et allions nous asseoir dans la voiture. Alors et seulement alors, Amma sortait de l'eau, mais à contrecœur.

Un jour, nous avons pris le train pour nous rendre dans un lieu saint du Tamil Nadu. Lors de la traversée d'un village, Amma s'est soudain écriée : « Je veux descendre immédiatement. » Le prochain arrêt était éloigné mais Amma insistait avec véhémence. A notre grand étonnement, le train s'est subitement arrêté comme s'il obéissait à un signal. Amma a immédiatement sauté du train et s'est un peu éloignée avant de s'allonger sur le sol. Nous étions terriblement inquiets car le train pouvait redémarrer d'une seconde à l'autre. Nous l'avons suppliée de remonter dans le train mais la seule chose qu'elle trouvait à répondre, c'était : « Laissez-moi tranquille ! Je ne bougerai pas d'ici ! »

Ne voyant pas d'autre solution, deux dévots ont fini par la soulever et la ramener dans le train. En ce temps-là, Amma avait l'air d'une enfant. Beaucoup de gens s'en étonnaient : « Pourquoi les mahatmas sont-ils si innocents ? Pourquoi sommes-nous si différents d'eux ? »

Est-ce qu'il nous manque quelque chose ? Non, nous avons tout ce qu'il faut. Nous avons plutôt quelque chose de trop, qu'on appelle l'ego, cette affirmation du « moi » et du « mien » qui s'accompagne de désirs et d'aversions. C'est cette conception étroite du « moi » qui crée un sentiment de manque. Les désirs naissent de cette sensation d'incomplétude. Nous oublions que nous sommes le Tout et la Plénitude car le mental est voilé par l'ego.

Que font les mahatmas ou les *gurus* ? Ils suppriment tout ce qu'il y a de surajouté à notre être. Cela me rappelle l'histoire d'un homme qui possédait une boutique d'antiquités et de statues. Un jour, un de ses amis lui rend visite. Dans le magasin sont exposées de jolies statues de tailles et de formes variées. Il y a également une pierre grossièrement taillée par terre devant la boutique. L'ami en question, ayant trouvé trop onéreux les modèles exposés, demande le prix de cette dernière. « Oh ! Celle-ci, répond le propriétaire d'un ton dédaigneux, je ne serais que trop heureux de te la donner pour m'en débarrasser ! ». Et il tend sur le champ la pierre à son ami.

Quelques jours plus tard, c'est au tour du commerçant de rendre visite à son ami. Il aperçoit dans la salle de *pouja* de celui-ci une magnifique statue de Devi. Décontenancé, il lui demande avec inquiétude: « Où as-tu trouvé cette remarquable statue ? » « Je l'ai sculptée à partir de la pierre que tu m'as donnée l'autre jour. Tu dois sûrement te demander comment cette pierre informe a pu donner naissance à cette splendide représentation de Dieu, a répondu l'ami. J'ai commencé par la laver pour enlever toute trace de saleté. Puis je l'ai taillée au ciseau à pierre et je l'ai polie. Et cela a donné naissance à cette merveilleuse statue. »

En fait c'est ainsi qu'agit le *guru*. Il nous impose une discipline pour supprimer de notre personnalité tous les *vasanas* qui ne sont pas nécessaires et mettre à jour la divinité latente en nous. Nous atteignons ainsi le Tout.

Cependant, même si le *guru* est à nos côtés, nous n'obtenons pas toujours les résultats escomptés. Le *guru* agit comme un aimant divin. Or, il existe trois sortes de personnes. Un très petit nombre se comportent comme l'acier qui devient magnétique au simple contact de l'aimant et garde cette capacité même quand on éloigne l'aimant. Tel est le disciple de haut niveau, il deviendra *guru* à son tour.

Les personnes du deuxième groupe sont comme le fer à l'état brut. Le fer est attiré par l'aimant, mais quand on retire l'aimant, il perd tout pouvoir magnétique. La plupart de nous ressentons une forte attirance pour les mahatmas, mais dès que nous nous éloignons d'eux, poussés par nos *vasanas* et nos désirs, nous sommes de nouveau attirés par les plaisirs matériels et préoccupés de notre intérêt personnel.

La majorité des gens appartiennent à la troisième catégorie. Ils sont aussi réfractaires à la présence d'un mahatma que le bois à celle d'un aimant. Non seulement ces personnes ne sont pas attirées par les mahatmas, mais encore elles sont insensibles à leur grandeur. Nous pouvons au moins nous réconforter à l'idée que, par la grâce d'Amma, nous ne faisons pas partie de ce lot.

Comment se fait-il qu'un morceau d'acier devienne magné-tique au contact d'un aimant ? Quand on l'approche d'un morceau d'acier, l'aimant agit sur les atomes de ce dernier et les met dans le même alignement que les siens. Pour tirer un tant soit peu profit de la présence du *guru*, nous devons nous aligner, physiquement, mentalement et intellectuellement, sur les objectifs et les conseils qu'il nous donne. Nous devons éroder le bloc de l'ego qui nous empêche de voir la Vérité et nous abandonner à la volonté du *guru*.

Notre vie actuelle est destinée à déraciner notre ego. Les changements forgés lors de nos précédentes vies avaient le même but. Le *guru*, ou Dieu, veut nous attirer à lui. Il nous veut sans égoïsme ni vanité et innocents comme un nouveau-né.

Il me revient un souvenir de *Krishna Bhava* qui remonte à plusieurs années. Amma chantait des hymnes de louanges au Seigneur Krishna pour éveiller la divinité intérieure. Les dévots massés devant le *kalari* dansaient et riaient, emportés par l'ivresse de la dévotion.

Le *darshan* a commencé. J'étais à l'intérieur du *kalari*, debout près d'Amma et j'observais tout ce qui se passait. C'était l'occa-sion rêvée de profiter de près de son humeur enjouée et de ses plaisanteries. Elle se tenait debout, un pied posé sur un support comme à chaque *Krishna Bhava*. Amma était la beauté incarnée, au-delà de toute description. Un sourire enchanteur illuminait son visage qui vibrait et resplendissait comme un astre. Les fidèles habillaient toujours Amma de vêtements chatoyants et la paraient d'une couronne et de guirlandes de fleurs. Certains d'entre eux baissaient la tête de peur qu'Amma, de son regard malicieux qui voit tout, perce le secret des recoins les plus intimes de leur cœur. D'autres s'envolaient vers les cieux de la félicité suprême et découvraient sous leurs yeux d'autres raisons de pleurer.

Il y avait deux files d'attente pour le *darshan*. Les fidèles faisant la queue ont vu deux jeunes hommes passer devant eux et s'introduire dans le *kalari* . Cela n'a pas été du goût de tout le monde car la queue était longue mais Amma n'a pas bronché. Les deux hommes se sont arrêtés devant Amma et l'un d'eux s'est mis à expliquer : « Amma, voici mon ami. Il est muet de naissance. Sa famille est très malheureuse. Que devons-nous faire pour qu'il retrouve l'usage de la parole ? »

Amma m'a regardé et m'a souri gentiment. La signification de ce sourire m'a échappé. Amma a caressé les deux hommes sans mot dire. Elle leur a signifié d'un geste d'aller s'asseoir sur le côté. Ils se sont assis dans un coin du *kalari*. Il arrive qu'Amma demande à certains fidèles de méditer quelque temps. Elle m'avait invité, moi aussi, à faire la même chose, longtemps auparavant, quand j'avais voulu la tester. Elle avait pris une poignée de fleurs de chrysanthème dans une corbeille, me l'avait mise dans la main en me demandant d'en compter quarante et une. Je m'étais concentré sur cette tâche pour finalement réaliser qu'elle m'avait donné exactement quarante et une fleurs. Je l'avais regardée, les fleurs à la main. En riant, elle m'avait dit : « Tu as fini de compter ? »

« Tu m'as donné quarante et une fleurs ! » Elle n'avait rien répliqué mais avait de nouveau éclaté de rire.

Par la suite, lors de *darshans* de *Krishna Bhava,* je l'ai vue plusieurs fois donner des fleurs à compter à des fidèles. A mon grand étonnement, elle leur en donnait toujours quarante et une ! Un jour, je lui ai demandé :

« Puisque tu sais que tu leur donnes exactement quarante et une fleurs, pourquoi les faire compter ?

– Fils, si je ne leur donne rien à faire, ils vont penser à tout et n'importe quoi. C'est pour éviter cela, au moins pendant le temps de leur présence ici, que je les fais compter. Le mental vagabonde quand on est oisif, n'est-ce pas ? Puisse le mental se concentrer sur les fleurs et le cœur acquérir leur douceur. Puisse la fleur du cœur s'ouvrir et répandre son parfum. »

Je me suis rendu compte qu'il y a mille raisons à chacune des actions d'Amma et que chacun de ses gestes est riche d'enseignements. J'ai pris conscience que ce qu'un *guru* nous transmet ne s'enseigne pas par les mots.

Les deux jeunes gens sont restés assis pendant un court moment puis je les ai vus se lever lentement et partir. Ils devaient commencer à avoir mal aux jambes !

Quand ils ont disparu, Amma a dit :

« Fils, ces deux là sont venus me tester. Cet homme n'est pas muet, il a fait semblant.

– Amma, tu aurais dû leur dire que tu n'étais pas dupe ! Sinon, ils vont penser que tu as failli au test ! Amma a souri de mon éclat.

– Et après ? Qu'est-ce que ça peut nous faire ? Après tout, ils ont fait l'effort de venir jusqu'ici. Qu'ils se félicitent de leur victoire. Pourquoi les priver de cette joie ?

– Cela ne va-t-il pas gonfler encore un peu plus leur ego ? Le visage d'Amma a changé d'expression.

– Si c'est le cas, la nature va se charger de les écraser. »

Je n'ai pas tenté d'ajouter quoi que ce soit. La voix de l'omniscience avait parlé.

Deux jours plus tard, est arrivée une carte postale adressée à Amma. Il y était écrit ce qui suit : « Fillette, peut-être te souviens-tu de nous ? Je suis la personne qui t'a présenté un ami muet. En fait, il n'est pas muet. Nous sommes venus voir si tu t'en rendrais compte. Nous sommes rationalistes. Tu t'es laissé mystifier et cela prouve que tu n'as aucun pouvoir particulier. Chère enfant, tu ferais bien d'arrêter tout cela et de passer à autre chose ! »

J'ai couru apporter cette lettre sarcastique à Amma et je la lui ai tendue en disant : « Amma, lis cette lettre s'il te plaît. » Elle l'a lue en s'esclaffant.

« Alors, qu'en penses-tu ? Ne t'avais-je pas prévenue qu'ils se moqueraient de toi ? Tu aurais dû leur dire leur fait quand ils étaient ici ! Ils ont prise sur toi maintenant ! »

Mes paroles ont déclenché un nouvel éclat de rire chez Amma.

« Ne t'en fais pas, ils vont revenir, » a-t-elle dit.

Quelques jours plus tard un important groupe de personnes est arrivé à l'ashram. Parmi elles, se trouvaient les deux jeunes gens en question. Je leur ai demandé d'emblée s'ils avaient l'intention de faire passer une autre épreuve à Amma.

« Pas du tout ! Nous devons la voir de toute urgence pour implorer son pardon. C'est pour cette raison que nous sommes venus, a répondu l'ami du prétendu muet.

– Qu'est-ce qui vous a fait changer d'avis ? Ai-je demandé.

– Je vais tout expliquer. Je vais me confesser à Amma. »

Légèrement sceptique, je l'ai dévisagé attentivement. A son expression, j'ai compris qu'il était extrêmement préoccupé. Dès qu'Amma a appris leur arrivée, elle les a immédiatement fait venir. Ils se sont tous entassés dans la hutte et se sont assis. Ils ont confié leurs problèmes à Amma. C'est l'auteur de la mystification qui a pris la parole.

« Nous sommes étudiants à l'université de MSM à Kayamkulam. Nous sommes venus il y a quelques jours pour le *darshan* et mon ami a fait semblant d'être muet. Nous savons que nous avons eu tort d'agir ainsi. Mais ce qui est fait est fait. Maintenant mon ami est réellement muet ! Je suis très affligé. Je l'ai conduit chez plusieurs médecins. Ils ne trouvent absolument rien d'anormal. J'ai informé les membres de sa famille. Eux aussi l'ont emmené consulter diverses personnes sans succès. Finalement, un astrologue a dit qu'il s'était attiré le mécontentement de quelqu'un dans un lieu saint et qu'il ne retrouverait l'usage de la parole qu'après être revenu dans cet endroit pour se racheter. Voilà pourquoi nous sommes ici avec nos familles. Amma, aide-le. »

Amma a étreint la personne atteinte de mutisme. Elle lui a mis la tête sur ses genoux et l'a consolée. Elle a appuyé un doigt sur la langue du jeune homme et a gardé les yeux clos pendant un certain temps. Puis elle lui a fait boire un peu d'eau bénite et l'a invité à prononcer quelques mots en l'encourageant : « maman, papa ». Il s'y est efforcé. Après avoir bégayé un moment, il a réussi à parler de nouveau ! Il s'est écrié « Amma ! » en fondant en larmes. Tous ceux qui assistaient à la scène avaient les larmes aux yeux.

Les membres des deux familles ont tous en chœur supplié Amma de pardonner à leurs enfants la faute qu'ils avaient commise. Elle a répondu : « Amma n'a jamais voulu qu'il arrive quelque chose de mal à ces enfants. Mais Dieu voit tout ce que nous faisons. Il faut se souvenir que la nature a des milliers d'yeux et d'oreilles. Il faut donc réfléchir avant de parler et d'agir. Ne parlez pas à tort et à travers. Ne perdez pas votre temps. La vie a une valeur inestimable. Chaque instant est précieux. Sachez que Dieu nous a donné un corps pour que nous puissions accomplir de bonnes actions. Nos paroles doivent consoler autrui. C'est dans ce but que Dieu nous a donné une langue. Pas pour nous moquer d'autrui ou le blesser. Chacun de nos actes doit être noble. Grâce à de bonnes pensées et à de bonnes actions, nous ferons de notre vie une offrande à Dieu. »

Le nectar des paroles d'Amma les a tous transformés d'une manière étonnante. Ils ont tous continué de venir la voir régulièrement. Ayant découvert de nouveaux horizons à leur vie, ils se sont abandonnés aux pieds sacrés d'Amma avec la ferme résolution de consacrer leur vie à servir la société.

A Mumbai

23

Il m'a fallu quitter l'ashram une nouvelle fois et renoncer à ma pratique spirituelle et à la divine présence d'Amma car mon père m'avait trouvé un travail intéressant à Mumbai (Bombay) et Amma a insisté pour que j'aille travailler quelque temps. J'ai commencé par refuser car, après avoir été si proche d'elle, je ne pouvais envisager de la quitter et de partir loin. Cependant, Amma m'a fait valoir que je devais travailler pour mes parents puisqu'ils m'avaient autorisé à suivre une voie spirituelle. Je me suis rendu à ses arguments et j'ai accepté d'aller travailler mais à condition de sentir sa présence à mes côtés exactement comme quand j'étais près d'elle. Sinon, l'ai-je avertie, je reviendrai comme j'étais déjà revenu de Bangalore. Amma m'a assuré qu'elle serait toujours près de moi.

En arrivant dans cette grande ville de Mumbai, je me suis dit qu'Amma avait décidé de me sacrifier une nouvelle fois sur l'autel du matérialisme et j'ai pleuré. Par chance, j'ai trouvé un logement à Sandipani Sadhanalaya, une association à but spirituel. Mon lieu de travail était éloigné mais facilement accessible. J'avais le choix entre le train ou le bus. Le trajet en bus durait une heure et demie et celui en train une demi-heure. J'ai opté pour le bus car les trains étaient bondés et il fallait une agilité d'acrobate pour réussir à monter dedans. Pour quelqu'un qui arrivait tout juste du Kerala, c'était bien aventureux ! Tandis qu'en bus, il y avait plus de place et je pouvais répéter mon mantra à loisir car, du fait des encombrements, le trajet durait longtemps. C'est d'ailleurs la raison pour laquelle la plupart des gens se déplacent en train.

Mon tout premier voyage en bus s'est avéré très surprenant. En montant dans le bus, je me suis aperçu que la plupart des sièges étaient libres et je me suis assis au hasard, mon *mala* (rosaire) à la main. Réconforté par la perspective de me plonger dans le *japa*, j'ai visualisé Amma et j'ai commencé à répéter mon mantra.

A l'arrêt suivant, une jeune femme est montée dans le bus et s'est assise à côté de moi, ce qui m'a déplu fortement car il y avait beaucoup de sièges inoccupés. De plus, elle s'est appuyée contre moi comme si elle était bien décidée à m'empêcher de réciter mon mantra.

Je me suis interrogé sur ses intentions. Pourquoi venait-elle me déranger alors qu'il y avait de la place ailleurs ? Pourquoi tenait-elle tant à s'asseoir à côté de moi ? Tandis que je me posais toutes ces questions, elle me regardait en souriant. Au lieu de lui rendre son sourire, j'ai regardé par la fenêtre tout en me recroquevillant dans le coin de la banquette. Elle s'est tout doucement rapprochée encore un peu plus de moi ! Je me suis alors levé en lui jetant un regard courroucé et plein de dégoût et je suis allé m'asseoir à l'avant du bus.

Peu après, la jeune femme est venue s'installer sur le siège en face de moi. Tout à l'heure, quand elle était à côté de moi, il me suffisait de ne pas tourner la tête vers elle, mais maintenant qu'elle me faisait face, je ne pouvais éviter de la voir, même en regardant ailleurs. C'était évidemment dans cette intention qu'elle avait choisi cette place. Je devais garder les yeux baissés pour ne pas la voir mais c'était intenable et quelques instants plus tard, je suis allé m'asseoir à l'arrière du bus. Par chance, elle ne m'a pas suivi. Cependant, il me semblait qu'elle regardait de temps en temps dans ma direction. Pour éviter son regard, j'ai fermé les yeux.

Comme j'étais très fatigué par mon voyage de la veille, je me suis endormi presque immédiatement. J'ai rêvé qu'Amma venait s'asseoir à côté de moi et qu'elle m'embrassait très tendrement. Dans mon rêve, j'ai posé ma tête sur son épaule et j'ai pleuré longtemps. Amma me caressait pour tenter de me consoler et elle m'a répété plusieurs fois qu'elle était tout le temps avec moi. Tout à coup, le bus a freiné à un feu rouge, bousculant tous les passagers. En ouvrant les yeux, je me suis aperçu avec effroi que ma tête reposait sur l'épaule de la personne assise à côté de moi ! J'ai bondi sur mes pieds en réalisant qu'il s'agissait de la jeune importune ! Même alors, elle me souriait. Je me suis senti pâlir. Je ne savais plus quoi faire, j'étais pétrifié sur place. Les autres passagers me dévisageaient. Personne ne prêtait attention à la jeune femme. Personne ne semblait même avoir remarqué sa présence. J'ai sauté du bus à l'arrêt suivant et j'ai fini le voyage en taxi. Le lendemain, j'ai écrit la lettre suivante à Amma :

« Amma, cette ville ne convient pas du tout à un *sadhak*. Les femmes se conduisent très mal ici ! Tu m'avais pourtant dit que tu serais toujours avec moi. Je n'arrive pas à faire ma pratique spiri- tuelle et je ne sens pas du tout ta présence. Si cela doit continuer ainsi, je vais devoir revenir rapidement. Je n'aurai pas le choix.»

Voici la réponse que j'ai reçue quelques jours plus tard : « Fils chéri, Amma est venue te voir mais tu n'as pas fait du tout attention à elle. Tu n'as même pas répondu à ses sourires. Amma a essayé d'engager la conversation avec toi mais tu ne lui en as pas donné l'occasion. Quand Amma s'est approchée de toi, tu t'es levé. Mais ne t'en fais pas, Amma reviendra. »

J'étais stupéfait ! Je me suis remémoré la scène du bus. J'avais supplié Amma de rester près de moi et pourtant je ne l'avais pas reconnue quand elle était venue. Au contraire, je l'avais ignorée avec mépris. En comprenant la stupidité de ma conduite je me suis effondré en larmes.

Le lendemain, en montant dans le bus, j'étais bien décidé à faire preuve de vigilance. A chaque arrêt, je dévisageais les personnes qui montaient. Aucune n'est venue s'asseoir à côté de moi. J'attendais Amma et je lui avais réservée une place à côté de moi. J'étais dans le même état d'esprit que les *gopis* qui attendaient que Krishna vole leur yaourt. Mais personne n'est venu ce jour-là. J'étais tellement occupé à observer les femmes qui montaient que j'en ai oublié de réciter mon mantra.

Le lendemain, une femme à la peau noire s'est assise à côté de moi. Je n'avais pas le moindre doute sur le fait qu'il s'agissait d'Amma. Je l'ai dévisagée avec insistance mais cela n'a suscité aucune réaction de sa part. J'ai essayé de lui sourire, elle s'en est aperçue mais elle ne m'a pas rendu mon sourire.

« Ô Amma, tu joues bien la comédie mais ne crois pas que je vais me faire avoir ! » me répétais-je sans arrêt. Je l'ai regardée de nouveau en souriant. Comme elle ne réagissait toujours pas, je lui ai demandé si elle était *malayali*. Elle m'a répondu par l'affirmative et rassemblant tout mon courage, j'ai poursuivi : « Etes-vous Amma ? »

A l'expression de son visage, j'ai compris qu'elle avait mal interprété ma question et cru que je lui demandais si elle était mariée et si elle avait des enfants.

– Je ne suis pas mariée.

– De quelle partie du Kerala êtes-vous ? Me suis-je humblement enquis.

– De Pallakad.

Après m'être présenté, je lui ai donné des explications : « J'ai pour *guru* une femme espiègle qui prend différentes apparences pour me tester et me taquiner. Je ne sais jamais où ni quand elle va se manifester. Je voulais savoir si vous n'étiez pas mon *guru* déguisé. Pardonnez-moi de vous avoir dérangée. »

Malgré son air sérieux, elle n'a pu s'empêcher de rire en écoutant mes explications. Le lendemain de cette rencontre, j'ai écrit une nouvelle fois à Amma en lui racontant par le menu mes aventures dans le bus.

« J'ai renoncé au monde et j'ai pris refuge à tes pieds sacrés. Et toi, qui es l'incarnation de la compassion, tu m'as jeté au beau milieu du monde ! J'ai toujours essayé de me tenir à l'écart des femmes mais aujourd'hui, je tourne autour d'elles et je les regarde pour voir si ce n'est pas Amma qui se cache en elles ! »

La réponse d'Amma est arrivée quelques jours plus tard :

« Fils, tu n'es pas loin de moi. Même si tu en avais l'intention, tu ne pourrais t'éloigner de moi. Crois-tu vraiment que je t'ai envoyé à Mumbai pour travailler dans un bureau et gagner de l'argent ? Jamais de la vie ! C'était pour changer ta façon de voir le monde. Fils, Amma sait que tu l'aimes et elle aussi t'aime tendrement. Cependant, Amma ne se limite pas à son corps physique. En ce moment, tu cherches Amma partout. Ce que tu recherches dans les femmes c'est Amma. Toutes les femmes sont devenues Amma pour toi. Tout ce que tu fais est donc devenu une *sadhana* et tes actions ne peuvent être considérées comme matérialistes. Fils, tu n'auras plus jamais l'occasion de t'entraîner à voir une mère en toute femme. Malgré les apparences, cette séparation est en fait une bénédiction pour toi. D'ici peu, Amma va te rappeler près d'elle. Ne sois plus triste. »

J'ai lu et relu cette lettre plusieurs fois, les yeux débordant de larmes, en pensant que l'amour de *Jaganmata*, la Mère de l'Univers, était vraiment illimité ! Je me suis même demandé si je méritais une chance pareille.

Mon séjour à Mumbai a pris ensuite un tour complètement différent. La vie m'offrait des expériences qui me stimulaient spirituellement. Je me suis mis à ressentir l'amour d'Amma partout, au bureau, à l'endroit où j'habitais, et même dans les rues. Dieu est en tout lieu. Tout le monde me couvrait d'amour. Je pleurais souvent en contemplant le coucher du soleil. Le jour de mon arrivée à Mumbai, à la plage, j'ai écrit un poème intitulé « Le soleil a sombré dans la mer » (*Azhikullil dinakaran marannu*). Les mots sont sortis tout seuls. Le soleil couchant m'évoquait le désir brûlant du *jivatma* de se fondre dans le *paramatma*. Cette aspiration intense a pris la forme d'un poème.

āzhikkullil dinakaran maraññu
anayunna pakalil tengaluyarnnu
visvasilppiyude vikrtikallalle
vishādamentinu nalinangale
vishādamentinu nalinangale

Le soleil a sombré dans la mer
Et le jour agonisant se met à gémir.
Ce n'est que le jeu de l'architecte universel
Ô lotus qui vous fermez, pourquoi vous attrister ?

akhilandarajante vinodarangam
ī lokam soka pūrnam
kalimarappāvayāy ñānum karayuvān
kannunirillātta silayāy

Ce monde plein de douleur et de chagrin,
Est le terrain de jeux du souverain divin.
Spectateur privé de larmes,
Je ne suis entre ses mains qu'une simple marionnette.

verpādin vedana ullilotukki
tīnālamāy eriyunnu enmanam
tīnālamāy eriyunnu
tīrādukha kadalin naduvil
tīram kānātalayunnu

Mon mental comme une flamme
Brûle d'être séparé de toi.
Incapable de trouver le rivage,
Je sombre dans cet océan de tourments infinis.

Mais Amma est le soleil de la connaissance qui disperse partout les ténèbres du chagrin. En réalité, le soleil ne se couche jamais, la nuit n'est qu'apparente. Quand on voyage dans l'espace, on voit bien que le soleil ne se lève ni ne se couche. Pour en faire l'expérience ici-bas, il faut être au zénith de la spiritualité ! Amma nous abreuve d'un élixir de béatitude divine qui transcende le chagrin et la joie et dissipe l'obscurité intérieure.

Amma m'enseignait au travers de diverses expériences qu'en réalité, la spiritualité et le monde matériel ne sont qu'une seule et même chose. Tout est divin ! Efforçons-nous de nous représenter tout objet comme étant Dieu. Cette pensée a le pouvoir de nous conduire à la Vérité. Nous pourrons nous remplir de l'énergie divine qui réside en toute chose quand nous serons suffisamment purifiés. Purifions notre cœur en nourrissant de nobles pensées, en accomplissant de bonnes actions, en priant, en récitant des mantras, en méditant, ou grâce à toute autre pratique spirituelle. Il est possible de faire l'expérience de Dieu, de prendre conscience qu'il illumine chaque objet.

Chacun ici bas vit des expériences différentes. Chacun a une constitution mentale particulière. Chacun a donc sa propre conception du monde. Seuls les grands *jnanis* voient le monde tel qu'il est vraiment. Un mental purifié permet de voir la réalité vraie.

* * *

Les jours qui ont suivi, je percevais la divine présence d'Amma partout où j'allais. Chaque fois que j'avais besoin d'aide, il se trouvait quelqu'un pour m'assister. J'avais écarté l'idée de prendre le train sous prétexte qu'il y avait un monde fou et qu'il était difficile de pratiquer le *japa* dans pareille cohue. Mais il y avait beaucoup de gens qui s'accommodaient de l'inconfort du train et il ne me semblait pas juste de me préoccuper de mon petit confort. J'ai donc décidé de changer mes habitudes et de voyager en train. Les premiers jours ont été éprouvants mais, petit à petit, j'ai apprivoisé les difficultés. Je me suis habitué à répéter mon mantra en étant coincé au milieu des passagers. Je me remémorais les paroles d'Amma disant qu'il n'y a pas lieu de réserver un moment particulier pour penser à Dieu. Si l'on arrive à observer sa discipline spirituelle dans un contexte qui ne s'y prête guère, on en retire encore davantage de bénéfices. Chacune des lettres d'Amma était imprégnée d'un suave parfum d'amour et d'affection. La satisfaction que l'on retire des sacrifices que l'on fait est bien supérieure à celle qu'offre le plaisir sensuel.

En montant dans le train, un jour, j'ai été attiré par la mélodie d'un *bhajan* qui provenait du compartiment voisin. Mon cœur brûlant et assoiffé de chants dévotionnels aspirait à se désaltérer de ce nectar et s'est réjoui en voyant un important groupe de gens chanter des *bhajans,* assis par terre, face à un portrait de Durga orné d'une guirlande. Certains étaient complètement absorbés dans leur chant et indifférents au monde extérieur tandis que d'autres dansaient au son de la musique. Ces hommes avaient trouvé le temps de penser à Dieu même dans la cohue. C'étaient tous des employés de bureau. Ce jour-là, je n'ai pas vu le temps passer. Dès lors, j'ai toujours voyagé avec eux. Ils attachaient des guirlandes à l'extérieur de la fenêtre et celles-ci me servaient de repère pour monter dans le bon wagon.

Un jour, les *bhajans* se sont terminés au moment où le train arrivait au terminus. C'était là que la plupart des gens descendaient. Tandis que je sortais du train, l'homme qui dirigeait le groupe de *bhajans* m'a abordé. Il m'a appris qu'il s'appelait

Santaram et, tandis que nous avancions côte à côte, il m'a dit : « Cela fait plusieurs jours que je veux vous parler mais je n'en ai pas eu l'occasion. Je me sens attiré par vous. Je vous ai observé pendant les *bhajans* et je me suis aperçu que vous versiez des larmes. C'est une grande chance de pouvoir pleurer quand on pense à Dieu. J'aimerais faire votre connaissance. »

J'ai simplement souri et je n'ai rien répondu. Le ravissement auquel m'avaient conduit les *bhajans* ne s'était pas encore dissipé. J'essayais d'apaiser les vagues de béatitude qui me soulevaient pour lui répondre. Après plusieurs tentatives, j'ai réussi à me présenter à mon tour. « Quand je pense à l'amour de *Jagadishwari,* lui ai-je dit, je ne peux m'arrêter de pleurer. »

Je ne sais pas s'il a bien compris ce que je voulais dire. Il a manifesté le désir de faire plus ample connaissance avec moi. Nous avons marché pendant un long moment. Je n'avais envie de parler que d'Amma. « Tu ne travailles pas le dimanche, n'est-ce pas ? Accepterais-tu de venir chez moi ? » Je ne pouvais pas refuser une invitation aussi amicale, aussi ai-je accepté et noté son adresse.

Le dimanche suivant, je suis allé chez Santaram et je n'ai pas eu la moindre difficulté à trouver son appartement dans le quartier Andheri. C'était la preuve, me suis-je dit, que j'accomplissais la volonté d'Amma. En arrivant chez lui, j'ai vu avec surprise que l'une des deux seules pièces du logement avait été aménagée en salle de *pouja.* Mon étonnement s'est encore accru en découvrant parmi les portraits de différentes divinités une photo d'Amma en méditation.

« Où as-tu trouvé cette photo, lui ai-je demandé. »

« C'est toute une histoire ! » a-t-il répondu en changeant d'expression. Nous nous sommes assis dans la salle de *pouja* pour continuer la conversation.

Bien qu'il ait eu autrefois un bon travail dans une entreprise privée, Santaram était un chanteur connu et il vivait en grande partie de ses cachets d'artiste. Même quand il travaillait, il prenait des jours de congé pour ses prestations artistiques. A l'époque, son but dans l'existence consistait à faire de l'argent mais, quelles que soient les sommes qu'il gagnait, il n'en avait jamais assez. Chaque fois qu'il était payé, il sortait avec ses amis et gaspillait tout son argent à boire. Il était aveuglé par son ego et la sentence divine ne s'était pas fait attendre, elle avait été sévère. Loin d'être une punition, comme il s'en est rendu compte plus tard, elle avait été une grâce salvatrice.

Il s'était mis à souffrir d'une toux persistante qui l'empêchait de chanter. Quand il lui était devenu impossible de parler, il avait d'abord consulté un médecin puis des spécialistes hospitaliers. Aucun d'eux n'avait réussi à poser un diagnostic et la plupart des médicaments prescrits n'avaient fait qu'aggraver son état de santé. Un *sannyasi* lui avait annoncé qu'il devait sa maladie à de mauvaises actions et qu'il lui fallait les expier en partant en pèlerinage et en faisant la charité. Santaram avait suivi ses conseils. Il s'était rendu dans plusieurs temples et dans des lieux saints. Il avait également accompli de bonnes actions. Il avait, entre autres, nourri des pauvres.

Son périple l'avait conduit au temple de Minakshi à Madurai dans le Tamil Nadu. Voulant offrir une guirlande de fleurs à la déesse, il était entré dans l'une des boutiques située devant le temple. Il y avait une jeune fille qui enfilait avec dextérité des fleurs sur un fil. Près d'elle, se trouvait la photo d'une femme assise en méditation. Le portrait était orné d'une guirlande. Santaram lui avait demandé qui était cette femme. Elle avait répondu qu'il s'agissait de Minakshi de Madurai. Une fois rentré à l'endroit où il logeait, il s'était aperçu qu'il était obsédé par cette photo. Il s'était couché mais le sommeil l'avait fui. Il avait marché de long en large dans sa chambre pendant une bonne partie de la nuit et n'avait réussi à s'endormir qu'à l'aube. Santaram avait alors eu le sentiment que la femme de la photo le prenait dans ses bras et qu'elle lui caressait affectueusement la gorge. Il s'était levé d'un bond. Il y avait un parfum particulier dans la chambre et, ô merveille, les troubles de la voix et la toux dont il souffrait depuis des années avaient complètement disparu !

Il s'était assis devant l'autel et avait longuement chanté pour tester sa voix. Il n'avait plus aucun problème. Il avait couru chez la marchande de fleurs. Dans la boutique, la jeune fille était en train d'allumer une lampe devant la photo. Il lui avait demandé comment elle se l'était procurée. C'était un client qui la lui avait donnée, avait-t-elle répondu. Il avait simplement dit que c'était une photo d' « Amma » mais il ne savait pas non plus de qui il s'agissait. Santaram voulait la photo mais la jeune fille n'avait pas l'intention de s'en séparer car, depuis qu'elle l'avait en sa possession, la vie la comblait de toutes sortes de cadeaux.

Santaram était retourné à Mumbai deux semaines plus tard. A son arrivée, sa femme lui avait tendu un paquet qu'une inconnue l'avait chargée de lui remettre. Il avait ouvert le paquet : c'était la photo du magasin de fleurs ! il avait été stupéfait ! Dieu lui livrait à domicile le portrait tant désiré ! Santaram l'avait immédiatement installé dans la salle de *pouja* et s'était mis à le vénérer.

J'ai écouté religieusement l'histoire de Santaram. Ce qui m'a le plus étonné c'est qu'il s'agissait d'une photo d'Amma que j'avais prise moi-même ! Cette coïncidence nous a tous stupéfiés, Santaram, sa femme et moi. Je leur ai raconté toutes les difficultés que j'avais rencontrées pour prendre cette photo.

J'étais alors le photographe de l'ashram. Il y avait plusieurs dévots qui réclamaient à grands cris une photo d'Amma en méditation. Mais Amma n'aimait pas du tout qu'on la prenne en photo. Je lui ai quand même demandé un jour de nous autoriser à la photographier. Amma a cédé et j'ai fait plusieurs photos. Mais quand je les ai développées, la pellicule était vierge ! Cela m'a profondément blessé. Je savais que tous ceux qui avaient essayé de la photographier étaient arrivés au même résultat.

Un photographe professionnel australien en particulier avait eu lui aussi des velléités de photographier Amma, mais la pellicule se bloquait dans l'appareil à chacune de ses tentatives. Pour un autre, c'était l'obturateur qui avait refusé de fonctionner. Mais ils avaient tous essayé de la prendre en photo sans son accord, tandis que moi j'avais attendu qu'elle m'y autorise. C'est cela qui me chagrinait ! Je m'en suis ouvert à Amma et finalement, elle m'a laissé la prendre en photo pendant qu'elle méditait. C'était cette photo que Santaram avait vue dans la boutique de fleurs (voir photo page 177). Nous avions fait imprimer des agrandissements de la photo à Madurai et c'est l'un d'eux qui était maintenant en possession de Santaram. Mon récit l'a fortement impressionné. Il y a vu le déroulement d'un plan divin pour satisfaire son désir d'en savoir davantage sur Amma.

* * *

L'une après l'autre, mes journées à Mumbai apportaient de nouveaux changements dans ma façon de voir la vie et se transformaient en *sadhana*. Je lisais le désir de réussite sur le visage des milliers de personnes qui grouillaient dans les rues de cette grande métropole. J'ai compris que la seule chose qui anime l'homme moderne, qui travaille jour et nuit et aspire ardemment à la réussite, c'est l'insatisfaction.

Ce qui fait la beauté de l'existence c'est le contentement du cœur. C'est aussi la chose la plus difficile à obtenir. Le Soi est source de félicité, c'est la nature même de l'être humain. C'est pourquoi il a tellement soif de félicité. Chaque fois que nous faisons quelque chose, c'est dans l'espoir d'en retirer satisfaction et bonheur. Pourtant, aucun bien matériel ne nous apportera un contentement éternel. Les riches et les pauvres sont également insatisfaits. Il y a des millionnaires frustrés, des chanceux mécontents, de jolies femmes et de beaux hommes insatisfaits ! Pire encore, il y a des géants humains qui ont tout ce qu'ils désirent mais ne se sentent pas heureux.

On peut être roi et ignorer la satisfaction qu'éprouve un mendiant. Pour être heureux, les rois veulent devenir empereurs, rois des rois. Mais même s'ils sont sacrés empereurs, ils auront toujours des raisons d'être mécontents. Seuls ceux qui ont la connaissance du Soi, seuls les mahatmas comme Amma vivent dans le contentement du Soi. Ils sont comme des papillons. Les papillons recueillent le nectar des fleurs mais ils ne le stockent pas pour plus tard. Ils volètent de fleur en fleur, ils butinent sans déranger les fleurs, sans nuire à leur beauté ni effacer leur parfum. Un mahatma ne garde rien pour lui. Il n'accepte, comme le papillon, que ce qui lui est nécessaire. La présence des êtres éveillés rehausse la beauté de ce monde. Ils ont la beauté de la connaissance suprême et du total désintéressement. Seul le renoncement peut engendrer tant de beauté.

Un jour, un roi voit un yogi plongé en méditation, au bord du chemin. Il veut l'inviter à habiter au palais. Il fait part de son désir au yogi et celui-ci accepte immédiatement son invitation, ce qui ne manque pas de surprendre le roi. Il croyait qu'il aurait beaucoup de mal à convaincre le saint homme et il se met à nourrir des soupçons. Si ce yogi était réellement un mahatma, il n'aurait pas montré tant de plaisir et d'empressement à mener une vie de château. Il renonce donc à voir en lui un être divin mais il le ramène néanmoins dans son palais. Ce dernier offre tout le confort imaginable. Plusieurs jours se passent et le roi décide de faire part de ses doutes au yogi.

Il se présente devant lui et, le plus humblement du monde, il lui dit : « Votre Sainteté, je vous ai pris pour un mahatma mais, dès que je vous ai invité à venir au palais, vous vous êtes empressé d'accepter. Cette attitude a semé le doute dans mon esprit. Aujourd'hui, je doute encore davantage. Etes-vous réellement un yogi ? Vous vivez au palais maintenant et vous jouissez de tout le confort matériel. Tout comme moi. Quelle différence y a-t-il entre vous et moi ? »

Le yogi répond : « Pour le savoir, il faut quitter le palais. Viens avec moi. » Sur ces mots, il se met en marche et le roi le suit. Après avoir parcouru une certaine distance, le yogi dit : « Ô roi, je ne reviens jamais sur mes pas. Je ne retournerai donc pas au palais. Tu peux venir avec moi si tu veux. »

Le roi est choqué par cette proposition. « Comment le pourrais-je ? Je ne peux pas laisser tomber mes responsabilités pour vous suivre ! »

En riant, le yogi poursuit : « Oui, je sais que tu ne peux pas venir. C'est en cela que nous sommes différents. Vivre dans un château ou marcher dans ce fossé immonde, pour moi, c'est la même chose. Je suis libre à tout jamais. Rien ne me retient. »

Sur ces mots, le yogi se met en route. Le roi comprend qu'il s'est conduit comme un imbécile. Il essaie de convaincre le yogi de revenir avec lui mais celui-ci poursuit son chemin sans même se retourner.

Dieu nous a fait don d'un corps humain. Voici ce que dit Amma à ce propos : « Le corps est un don de Dieu. C'est une merveille et un mystère. En réalité, nous ne sommes pas conscients du fonctionnement du corps, de ce formidable processus qui transforme la nourriture en cellules sanguines. Le corps est une machine qui a des propriétés d'auto-guérison. Si l'on en croit les scientifiques, il est constitué de corps chimiques qui ne valent que quelques roupies. Cependant aucun savant ne sera jamais capable de fabriquer un être humain à partir de ces éléments. Le corps est composé des cinq éléments : *akash*, l'éther, *vayu*, l'air, *agni*, le feu, *jalam*, l'eau et *prithvi*, la terre. Tout ce qui se trouve à l'extérieur du corps se trouve aussi à l'intérieur de nous. On pourrait dire que chacun de nous est un microcosme de l'univers. C'est pour cette raison que les *rishis* ont réussi à connaître le monde extérieur grâce à l'introspection. Ce corps a beau avoir une valeur inestimable, il finit par provoquer d'innombrables souffrances à ceux qui ignorent comment en faire bon usage, comment utiliser correctement le mental et l'intellect. C'est au moyen du corps qu'on réalise Dieu. »

Il est nécessaire d'observer une certaine discipline dans la vie. Il faut s'efforcer de purifier le corps. Il faut également le maintenir en bonne santé. C'est un outil qui doit nous permettre d'accomplir de bonnes actions. Le corps tombe malade quand il est maltraité. Chacun doit s'entraîner à purifier son mental. En particulier, il faut tenir notre langue. Ne prononçons que des mots agréables à entendre. Saisissons chaque occasion qui se présente de chanter la gloire du seigneur. Ne disons jamais rien d'inutile. Que chacune de nos paroles soit une source de consolation pour autrui. Nous avons besoin du corps pour transcender le monde de l'expérience et accéder au royaume de la compréhension.

Un savant réalise l'expérience suivante : il sépare un bocal en verre en deux compartiments grâce à une cloison de verre. Dans l'un, il met un petit poisson et, dans l'autre, un gros poisson prédateur du premier. Le gros poisson fait plusieurs tentatives pour attraper le petit mais à chaque fois il se heurte violemment à la cloison. Ces chocs doivent être douloureux car il finit par renoncer à la chasse. Le savant enlève maintenant la cloison mais le gros poisson n'essaie même plus de s'approcher du petit poisson. Il croit toujours à l'existence d'une paroi transparente. Il a bien retenu la leçon de ses expériences précédentes. Il n'est pas facile de se déconditionner.

Il en va de même pour les êtres humains. En fait, tout ce que nous avons appris de la vie est aussi faux que l'illusion de l'homme qui prend un bout de corde pour un serpent. Ceux qui attachent trop d'importance à ce qui leur arrive en ce monde ne pourront jamais déchirer le voile transparent qui les empêche de contempler leur nature véritable. Ils manquent de courage. La spiritualité exige du courage. Seuls les intrépides peuvent accéder à l'autre monde. Il faut renoncer à obéir à l'ego.

L'ère de la machine

24

« Fils, nous sommes à l'ère de la machine. » Ces paroles d'Amma me sont venues à l'esprit. L'homme s'est mis à ressembler à une machine. Les machines font du meilleur travail que les humains. Actuellement, certaines interventions chirurgicales sont même accomplies par des robots. Une machine est cependant incapable d'aimer et de comprendre la souffrance d'autrui. »

A Mumbai, les gens vivent à 100 à l'heure et travaillent comme des automates. Les êtres humains sont devenus des mécaniques. Chacun ne pense qu'à son intérêt personnel. Il m'est un jour arrivé de voir un homme tomber d'épuisement dans la rue et les gens passer à côté de lui en l'ignorant. Certains lui jetaient un regard mais poursuivaient leur chemin. Les habitants des villes n'accordent aucun prix à la vie humaine ! Ce genre de chose n'arriverait jamais dans un village. Si quelqu'un tombe sur la voie publique, il se trouve toujours des gens pour se précipiter à son secours.

Je me suis approché de cet homme. Il respirait à peine. Il m'a fait signe qu'il avait soif. Je lui ai versé de l'eau dans la bouche. En le voyant, je me suis rappelé ces paroles d'Amma : « Il faut avoir de la sympathie pour nos frères humains. Notre devoir envers Dieu, c'est de montrer de la compassion envers les pauvres et les malheureux. Ne manquez jamais une occasion d'accomplir une bonne action. Réconforter quelqu'un qui souffre c'est adorer Dieu. »

Après avoir bu, l'homme m'a expliqué qu'il n'avait rien mangé depuis plusieurs jours et je suis allé lui acheter de la nourriture dans le magasin le plus proche. En le quittant, je n'ai pu faire autrement que remarquer une lueur dans son regard. J'ai eu le sentiment que c'était la compassion d'Amma qui brillait dans ses yeux. « On trouve davantage de satisfaction à donner qu'à prendre. » Ces paroles d'Amma ont résonné en moi.

Je me suis aperçu que tout ce que j'avais jusqu'alors considéré comme dénué d'importance était en réalité lourd de signification. La vie doit avoir un sens. Elle n'en a pas pour les égoïstes. Mais lorsqu'on est conscient qu'Amma est omniprésente, on ne peut qu'aimer et respecter tous les êtres. J'ai remarqué que le fait de voir Amma dans les autres amène même les égoïstes à changer d'attitude.

Après être rentré chez moi, je continuais à être hanté par le souvenir de ce vieil homme gisant dans la rue et mendiant de l'eau. Je revoyais son corps émacié, ses yeux creusés. Nombreux sont ceux qui endurent pareille misère au cours de leur vie ! Nombreux sont ceux qui ne peuvent même pas s'offrir un repas par jour ! Ces pensées m'ont enlevé l'envie de manger ce soir-là. J'ai résolu de jeûner pendant quelques jours.

Chacun de nous a une multitude de problèmes et personne n'a le temps de prêter l'oreille aux malheurs d'autrui. Ce soir-là, tandis que je méditais profondément en silence, j'ai senti la présence d'Amma. Elle s'est approchée de moi et m'a caressé les cheveux. « Quand il y a de l'amour, toute distance est abolie, » disait-elle souvent. Ces paroles se sont littéralement concrétisées et, bercé par le chant d'Amma, j'ai sombré dans le néant. La douleur de la séparation s'est transformée en expérience divine.

J'avais prévu de commencer mon jeûne le lendemain. J'ai cependant dû rompre mon vœu dès le premier jour. Il serait d'ailleurs plus exact de dire qu'Amma m'a fait renoncer à mon jeûne. Elle s'est servie pour cela d'un dénommé Balakrishna qui travaillait dans le même bureau que moi. Il était de Pallakad mais habitait Mumbai depuis plusieurs années. Bien qu'il soit âgé de soixante-dix ans, il montrait davantage de zèle au travail que les jeunes. Ses plaisanteries nous aidaient à supporter l'ennui du travail de bureau. Je lui parlais d'Amma mais, comme il appartenait à une communauté de brahmanes du Tamil Nadu, il ne s'intéressait guère à elle qui appartenait à une caste de pêcheurs. Je traversais cependant une phase où il m'était impossible de ne pas parler d'Amma. Je ne parlais en fait que d'Amma, que cela lui plaise ou non. Il m'écoutait attentivement, sans y croire.

Ce jour-là, Balakrishna est arrivé en portant deux paquets contenant du riz et il est tout de suite venu me demander : « As-tu décidé de ne rien manger aujourd'hui ? » Sa question m'a pris de court. Je n'avais parlé à personne de mon intention. Comment était-il au courant ? « Est-ce que tu jeûnes? » a-t-il répété et sa question m'a sorti de ma rêverie. J'ai acquiescé et j'ai vu de l'étonnement naître sur son visage. Il m'a alors raconté son rêve de la nuit précédente. Il avait rêvé de l'Amma de Vallickavu ! C'est une grande bénédiction de voir un mahatma en rêve. Et il ne s'agissait pas simplement d'un rêve, c'était un *svapna darshan*, une divine visitation au cours d'un rêve. Amma lui avait non seulement appris mon intention de jeûner, elle lui avait aussi enjoint de m'inciter à manger. C'est véritablement Amma qui fait tout.

Puisque le plat qu'avait apporté Balakrishna avait été commandé par Amma, je ne pouvais refuser d'en manger. C'est ainsi qu'Amma s'est définitivement imposée dans le cœur de Balakrishna. Il s'est mis à nourrir un vif désir de la rencontrer. C'était grâce à une photo d'Amma que je lui avais précédemment montrée qu'il avait identifié le personnage de son rêve. Après cet événement, il a manifesté beaucoup plus d'intérêt quand je lui parlais d'Amma.

Je n'ai appris que plus tard que la vie de Balakrishna n'était pas qu'une partie de plaisir même s'il passait son temps à faire des plaisanteries. Elle comportait aussi une part de chagrin. Il avait perdu fortune et santé et avait encore des charges de famille à son âge avancé. La venue d'Amma dans son cœur a été une source de bénédictions. Lui que je prenais pour un incroyant s'est mis à faire preuve d'une grande dévotion envers Amma. Il a remis toutes ses difficultés à ses pieds. Peu après, il s'est réconcilié avec ses enfants qui refusaient de le voir à la suite d'une dispute. J'ai été témoin de la joie de ces retrouvailles familiales.

Pourquoi les humains doivent-ils souffrir autant ? Quand ces souffrances s'arrêteront-elles ? Si nous avons la chance de rencontrer un mahatma sur le douloureux chemin de l'existence, nous verrons tous nos soucis disparaître. Le *guru* ne demande qu'à porter le fardeau de nos fautes. Dieu essaie, au travers du *guru*, de nous sortir des abysses de chagrin où nous sommes plongés.

Le chagrin est irréel. Nous souffrons à cause du désir. Personne n'aime souffrir. Tout le monde veut se débarrasser de la souffrance. Pourtant, nous continuons de nourrir des désirs et d'alimenter ainsi notre chagrin. Si nous arrivons à comprendre les mécanismes du mental, nous pourrons nous libérer de la souffrance. Le mental est toujours en train de désirer quelque chose, il vit dans l'insatisfaction permanente. Rien ne le contente. Il reste insatisfait même après avoir obtenu ce qu'il désirait. Même si un désir satisfait diminue, un autre va prendre sa place. Voici le message que les mahatmas transmettent au monde : « Les gens souffrent parce qu'ils ont des désirs. Le désir porte la souffrance en germe. Quand il n'y a plus de désirs, vient la félicité. »

Voici la photo d'Amma, prise l'auteur, qu'il a vue
dans la maison de Santaram (récit page 167)

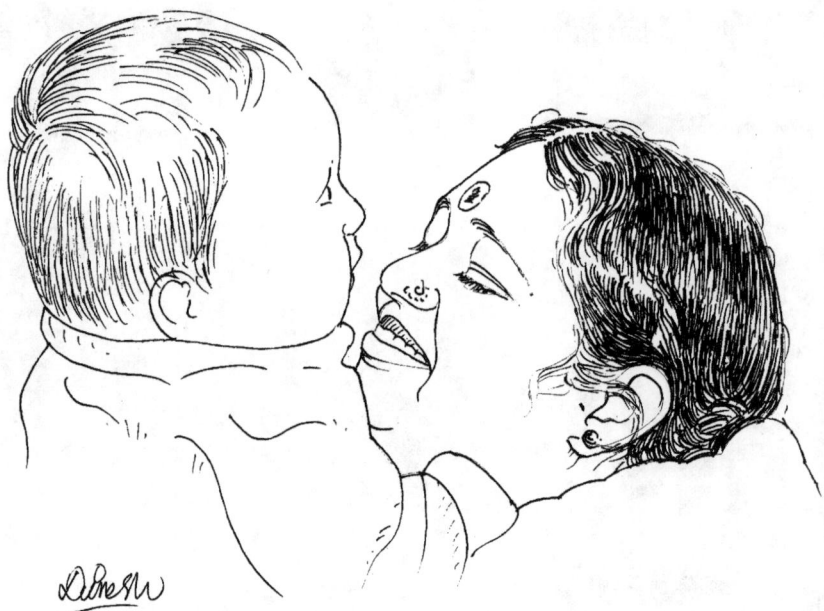

De retour auprès d'Amma

25

Bien que les gens d'aujourd'hui nagent dans la prospérité matérielle, ils ignorent ce qu'est le contentement et errent d'insatisfaction en insatisfaction. Les qualités humaines sont en voie de disparition. Les gens passent leur vie à rechercher la satisfaction mais ils sont condamnés à mourir comme des animaux, incapables qu'ils sont de goûter la paix, ne serait-ce qu'un moment. Que font-ils de plus que les oiseaux ou les animaux ? Les nids des oiseaux sont bien plus beaux que les superbes villas que construisent les humains. Quant aux abeilles, elles édifient leur ruche selon un modèle mathématique très précis qui laisserait perplexe un ingénieur spécialisé. La nature a donné naissance à des engins volants bien avant que les humains ne créent le premier avion en copiant les oiseaux et les papillons.

Les rishis avaient déjà tout découvert dans leur Soi intérieur. Ils avaient vu la totalité de l'univers se révéler à l'intérieur d'eux-mêmes. Bien qu'omniscients, ils vivaient cependant comme s'ils ignoraient tout. Tant qu'on est dans le monde de la dualité, on trouve souvent que la vie n'est faite que de chagrins. Ce que nous apprennent les mahatmas comme Amma, c'est à voir l'unité au sein même de ce monde de polarités.

Au beau milieu de cette ville trépidante qu'est Mumbai, j'ai rencontré un autre fils d'Amma, nommé Damu. Damu avait déjà reçu plusieurs fois le *darshan* d'Amma. C'était un jeune scientifique qui travaillait au Centre de Recherche Bhabha et venait de temps en temps au Sandipani Sadhanalaya. Il suivait régulièrement des cours sur la Bhagavad Gita et participait à des *satsangs*. Sa présence m'a été d'un grand réconfort pendant la durée de mon séjour à Mumbai. Il m'est souvent arrivé de me confier à lui et de lui parler d'Amma. Damu ne se souciait pas de son apparence, il ne prenait qu'un seul repas par jour et menait une vie de complet renoncement. Nous avions pris l'habitude de nous promener au clair de lune dans des chemins déserts en parlant d'Amma. Nous perdions souvent toute notion du temps et il nous arrivait parfois de marcher jusqu'à l'aube. Nous devions alors prendre le train pour revenir à notre point de départ.

Cela faisait sept mois que j'étais à Mumbai. Plus je contemplais la grandeur d'Amma, plus il m'était dur de rester séparé d'elle. J'ai décidé de quitter mon travail et de retourner à Vallickavu. J'ai écrit plusieurs fois à Amma pour lui en demander la permission et elle a fini par accepter. J'ai donc dit adieu à ma vie de Mumbai et je suis rentré à la maison. Damu, quant à lui, a dû continuer à travailler beaucoup plus longtemps avant de devenir résident de l'ashram et plus tard swami. Il a alors reçu le nom de Swami Prajnamritananda Puri.

J'étais resté plusieurs mois à Mumbai et de grands changements s'étaient produits à l'ashram en mon absence. Amma avait accepté de prendre le nom que ses enfants lui avaient donné : Mata Amritanandamayi Devi (divine Mère de la béatitude immortelle). Une association (Mata Amritananda Mission), comprenant les membres de l'ashram et les dévots mariés, avait été créée et ses statuts déposés. Elle est devenue plus tard le Mata Amritanandamayi Math. Conformément au souhait d'Amma, j'ai été nommé secrétaire général du Math. Quelques huttes entouraient maintenant celle d'Amma. Auparavant, les premiers résidents n'avaient même pas une hutte pour dormir. C'est Amma elle-même qui nous a appris à tresser les feuilles de cocotiers pour construire ces huttes et à recouvrir les toits de feuillage. J'ai compris plus tard que cet apprentissage, comme ceux qui ont suivi, était destiné à nous rendre autonomes et capables de tout faire par nous-mêmes. Quand les dévots venaient à l'ashram, nous leur cédions nos huttes. Les jours de *Bhava darshan*, il en venait beaucoup. Nous leur servions à manger et en général, il ne restait plus rien pour nous. Amma nous rapportait alors de la nourriture qu'elle allait chercher dans les maisons du voisinage. L'amour d'Amma créait une ambiance de fraîcheur et de légèreté et la vie à l'ashram était un enchantement.

Les membres de ma famille n'ont fait aucune objection à ma démission et à mon retour. Amma m'envoyait leur rendre visite une fois par mois. A l'une de ces occasions, mon père a remarqué que je portais un *mundu*[1] tout rapiécé. D'après lui, je ne devais pas m'habiller avec des vêtements troués et il m'a donné un *mundu* neuf. Je l'ai mis pour retourner à l'ashram. J'étais en train de parler avec Amma dans sa chambre quand l'ourlet de mon *mundu* a effleuré un bâton d'encens allumé sans que je m'en aperçoive. En le voyant prendre feu, Amma a éteint les flammes de ses mains et a remarqué qu'il était tout neuf. Elle m'a demandé d'où venait ce *mundu*. Je lui ai raconté ce qui s'était passé chez mes parents.

« Fils, n'as-tu pas d'autre *mundu* ? » j'ai fait « non » de la tête. Elle a gardé le silence pendant quelques instants.

« Ceux de mes enfants qui ont renoncé au monde sont censés trouver ici tout ce dont ils ont besoin. Ils n'ont pas à aller chercher quoi que ce soit à l'extérieur. Dieu te procurera tout ce qui t'est nécessaire. Fils, regarde bien dans ta chambre. » En l'écoutant parler, il m'est revenu à l'esprit que j'avais vu un paquet traîner dans ma chambre depuis plusieurs jours. J'avais cru qu'il appartenait à un dévot qui l'avait oublié. Elle m'a envoyé chercher le paquet vite fait et l'a ouvert dès que je le lui ai apporté. Il y avait

---

[1] Vêtement masculin qui consiste en une pièce de tissu enroulé à la taille

deux *mundus* à l'intérieur ! Elle m'a regardé droit dans les yeux en disant : « Amma t'avait bien dit que Dieu te fournirait tout ce dont tu as besoin ! »

Tout ce qu'affirme un mahatma se réalise. Chaque parole d'Amma devient réalité. Tout ce dont nous aurons besoin demain arrivera aujourd'hui même. C'est la leçon que j'ai retenue des expériences que j'ai faites par la suite. Je n'ai jamais eu à me procurer quoi que ce soit. Une fois que nous avons remis notre vie entre les mains de Dieu, plus aucun doute n'est permis. Le sentiment d'être définitivement en sécurité entre ses mains ne cesse de distiller vigueur et enthousiasme.

Amma est un flot de sagesse divine. Elle est un océan de connaissance qui n'a rien à voir avec ce que nous savons d'elle. Il se peut que nous ne comprenions pas Amma, même si nous l'avons vue et approchée et quand bien même nous aurions vécu avec elle. C'est parce que l'intellect ne peut appréhender Dieu et les conclusions que tire le mental ont toutes les chances d'être stupides. Arjuna a vécu avec Krishna pendant de nombreuses années. C'était son ami. Krishna a partagé toutes les frasques d'Arjuna. Le Seigneur a jugé que le moment de lui transmettre sa sagesse divine n'était pas encore venu. C'est lorsque Arjuna a accepté de renoncer complètement à son ego, pendant la bataille de Kurukshetra, que le Seigneur lui a révélé les trésors de la sagesse. On lâche prise quand on prend conscience de sa totale impuissance. Le *guru* fait en sorte d'user notre ego.

Un patient peut trouver impitoyable le médecin qui lui nettoie sa blessure. Le médecin, cependant, n'a pas le choix. Il doit désinfecter la plaie pour éviter une infection généralisée. Le disciple peut éprouver de la souffrance quand le *guru* brise la coquille de l'ego. Il peut en arriver à insulter le *guru* alors qu'il n'avait fait jusqu'alors que chanter ses louanges. Il peut même le quitter et retourner de nouveau se vautrer dans le monde de *tamas* (l'inertie).

Il peut subir la même malédiction que l'âme des défunts qui n'ont pas accumulé suffisamment de mérites et brûler en enfer.

C'est par pure compassion que Dieu se manifeste parmi nous sous la forme du *guru*. Amma est le sacrifice incarné, elle est prête à prendre sur elle le poids et la souffrance des péchés du monde entier. Elle met son corps à la torture, s'épuisant à répandre le parfum de l'amour et ceux qui l'ont respiré savent que Dieu n'est pas un concept abstrait mais une réalité tangible.

Les bhavas divins
sont en nous

26

À l'ère du *Satya Yuga* (l'Ere de la Vérité), il n'y avait pas besoin de temples. Les gens avaient une foi totale dans les *gurus* qui étaient des êtres éveillés. Ils avaient le cœur aussi pur que le sanctuaire d'un temple. Ils étaient ainsi capables de contempler la splendeur divine et de la sentir en permanence à l'intérieur d'eux-mêmes.

Ces gens-là avaient la ferme conviction que la force divine agissait à travers eux et ils ne tombaient pas sous la coupe de l'ego. Au contraire, ils ne faisaient qu'un avec le *Paramatma*.

Chaque fois qu'une incarnation divine s'est manifestée sur terre, il s'est trouvé un grand nombre d'humains pour refuser de croire en elle. Peu de gens ont eu une foi totale. On peut être témoin de multiples prodiges et néanmoins se barricader derrière des doutes si le mental est entaché d'impuretés. Si l'on prête l'oreille aux critiques qui dénigrent quelqu'un, on finira par douter de lui malgré tout l'amour qu'il nous porte. Comment trouver Dieu si l'on manque à ce point de constance ?

Nos *rishis* avaient prévu cela. Ils savaient que, dans le futur, les humains auraient du mal à percevoir leur nature divine et à faire totalement confiance aux mahatmas. Ils ont donc imprégné des statues de conscience divine. En temps voulu, les temples qu'ils avaient ainsi consacrés sont devenus des lieux de culte sacrés.

On dit que les 330 millions de divinités existantes se trouvent à l'intérieur de nous. Chacun de nous a hérité de l'infinité des manifestations divines. S'il nous a été donné une vie humaine, c'est pour que nous développions ces vertus divines et que nous arrivions à la Plénitude. Chez un mahatma, on peut facilement repérer toutes les qualités divines. Ceux qui ont la chance de vénérer un mahatma et de s'en remettre à lui pour s'accomplir seront délivrés en relativement peu d'années des chaînes du karma et du cycle de la mort et de la naissance. Ils feront l'expérience de la béatitude et atteindront ainsi l'immortalité.

Cela me rappelle un événement qui s'est passé à l'ashram il y a longtemps. Un temple voisin célébrait une fête religieuse. L'un des rituels consistait à sortir l'idole du temple avant le début des cérémonies pour la conduire en procession à travers tout le village. Portant sur la tête la statue de la divinité, le prêtre allait de maison en maison. Pour les villageois, c'était réellement Dieu qui leur rendait visite. Ils accueillaient la divinité avec toute la dévotion et le respect voulus, ils l'invitaient à entrer dans leur foyer et lui offraient un plat de riz, une lampe à huile allumée et d'autres présents rituels. Un groupe de joueurs de tambour traditionnel accompagnait la procession. Celle-ci s'était arrêtée à la maison voisine mais avait soigneusement évité l'ashram où se déroulait un *Devi Bhava*. Certains dévots assis près d'Amma ont réagi : « L'ashram est le seul endroit du village où ils ne se sont pas arrêtés. Ne pourrais-tu pas les faire venir ? »

Amma s'est contentée de sourire. Un peu plus tard, les fidèles ont entendu les tambours se rapprocher et ils ont rapidement assisté à un phénomène étrange. L'homme qui portait l'idole sur la tête est entré en transe, il s'est mis à danser et a fait irruption dans l'ashram. Les joueurs de tambour l'ont suivi en courant ainsi que les habitants du village qui fermaient la procession. Le prêtre a déposé la statue sur le sol. Il a alors retrouvé ses esprits et a immédiatement repris la statue. Il l'a remise sur sa tête et a fait demi-tour. Tout le monde a remarqué qu'Amma gardait les yeux fermés pendant un certain temps.

Quelques instants plus tard, le prêtre s'est remis à danser sans contrôle et s'est de nouveau précipité à l'intérieur de l'ashram pour y déposer la statue. Quand il a retrouvé son état ordinaire, il a repris l'idole et s'en est allé, comme la fois précédente. Amma a de nouveau fermé les yeux et, de nouveau en transe, le prêtre est revenu en dansant. Le même phénomène s'est reproduit huit fois. Le prêtre a fini par être complètement épuisé. Il a déposé la statue devant le kalari et s'est présenté devant Amma qui donnait alors le *darshan*. Il a tendu la main pour recevoir du *tirtham* (de l'eau bénie). Amma lui en donné puis elle l'a attiré affectueusement dans ses bras. Plein de remords, le prêtre s'est prosterné devant elle avant de repartir avec la statue.

Les dévots qui avaient assisté à cette scène étaient stupéfaits. Certains ne comprenaient pas ce qui s'était passé. Pourquoi le prêtre reprenait-t-il sa danse endiablée chaque fois qu'Amma fermait les yeux ? En réponse à leur question, Amma a souri encore une fois. Tout est en Amma. Les différents aspects du divin existent également à l'intérieur de nous, mais ils sont hors de notre contrôle. Tandis que ceux qui savent qu'ils possèdent les 330 millions de *bhavas* divins peuvent les exprimer ou les réprimer à volonté car toutes les déités leur obéissent. Pendant le *Devi Bhava*, les fidèles peuvent voir Amma manifester les *bhavas* de *Jagadambika*, la Mère de l'univers.

Nous devons nous débarrasser de nos tendances négatives en réveillant nos qualités. Quand celles-ci se développeront, le divin en nous se manifestera davantage. Quand toute notre négativité aura disparu, nous arriverons à voir tout le panthéon des dieux que nous abritons. C'est pour atteindre une telle pureté que nous vénérons Dieu.

On dit que le mental fonctionne comme une clé. Selon le sens dans lequel on la tourne, elle sert à ouvrir ou bien à fermer. De la même manière, le mental peut nous emprisonner dans le *samasara* tout comme il peut nous en libérer. Il faut remplir le mental de pensées nobles. C'est dans ce but qu'Amma nous conseille de vivre en pensant constamment à Dieu mais la plupart des gens utilisent le pouvoir de leur imagination à tort et à travers.

On peut comparer Dieu au soleil. Celui-ci rayonne en permanence et répand son énergie et sa lumière sur tous les êtres. Mais ceux qui s'enferment dans le noir ne perçoivent pas sa lumière. De même, Dieu nous comble continuellement de bienfaits mais les voiles de l'ego empêchent la grâce divine de parvenir jusqu'à nous. Il est nécessaire d'avoir l'aide d'un *guru* pour ôter ces voiles. C'est ce que nous apprend la vie d'Amma. Tout le monde sans exception s'incline devant son amour. Tous les cœurs fondent devant la grandeur de son sacrifice. Les ténèbres engendrées par l'ego se dissipent à la lumière de sa sagesse. Les actions accomplies sans recherche de gratification personnelle deviennent des offrandes au Seigneur.

Il était une fois un voleur qui avait coutume de s'introduire subrepticement chaque nuit dans une propriété pour voler des noix de coco dans la cocoteraie. Après son délit, il jetait l'une d'elles dans un feu sacrificiel et l'offrait au dieu Ganapati pour expier sa faute. La noix cuite devenait ainsi le *prasad* du dieu. Il la mangeait et s'en allait. Un beau jour, il est tombé malade et il lui est devenu impossible d'escalader le tronc des cocotiers. Néanmoins, il se rendait chaque nuit à l'endroit où il avait l'habitude d'apporter une offrande à Ganapati. Il essayait de se réconforter en pensant que sa maladie était le châtiment de ses vols. Tous les jours, dans ses prières, il demandait au seigneur de lui pardonner ses péchés. C'était surtout le fait de n'avoir plus rien à offrir à Ganapati qui lui causait du chagrin. Une nuit, le dieu Ganapati lui est apparu tandis qu'il se languissait dans la cocoteraie et il a guéri instantanément. Une statue de Ganapati s'est matérialisée à cet endroit, prouvant l'authenticité de l'apparition divine. Des fidèles de Ganapati ont construit un temple sur ce site et des dizaines de milliers de noix de coco y ont été consacrées. Grâce à ce temple, des milliers de personnes ont trouvé le réconfort et vu leurs désirs se réaliser. L'énergie divine exauce les désirs innocents, même ceux des voleurs.

Dieu ne demande qu'à nous accorder tout ce que nous voulons pour autant que nous nous abandonnions à lui. Ce n'est pas notre histoire qui le fait accourir. Ce sont les larmes qui mouillent nos yeux quand nous pensons à lui. Ses bienfaits pleuvent alors sur nous.

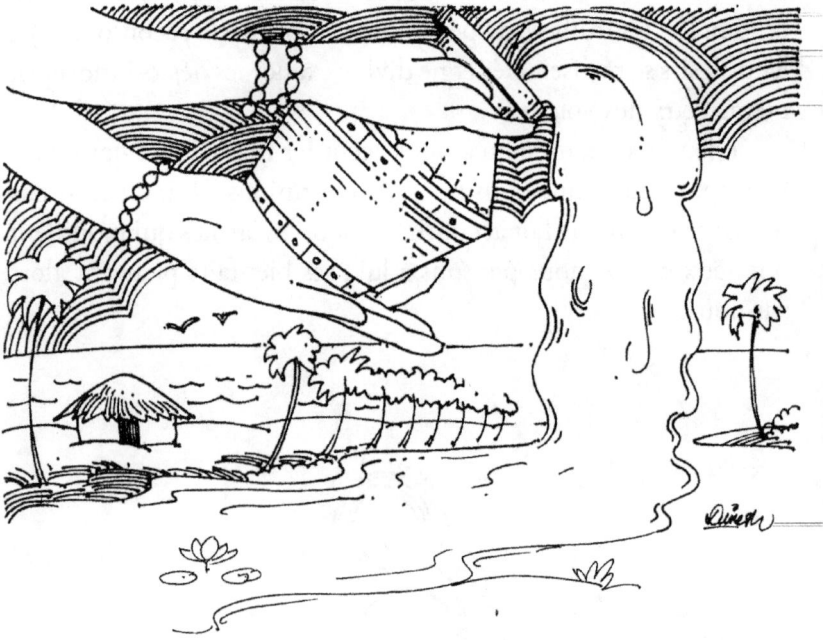

Annapurneshwari

27

Il est dans la nature humaine de chercher la connaissance. La vie n'est qu'un cheminement vers la Plénitude. Le sentiment d'incomplétude est la source des souffrances de ceux qui vivent dans le monde. Les êtres humains étant potentiellement omniscients, ils aspirent à tout savoir. Nous ne nous intéressons pas uniquement à nos propres affaires mais également à celles des autres et au monde entier. Nous nous efforçons d'apprendre tout ce que nous pouvons, mais l'effort intellectuel est impuissant à étancher notre soif de connaissance. Nous sommes semblables à Ganesha qui est resté sur sa faim après avoir avalé l'univers entier mais qui s'est senti rassasié par une seule poignée de riz que lui a donnée Parameshvara : seul un *satguru* peut satisfaire notre quête de sagesse. Le *guru* murmure à l'oreille du disciple qui a cherché la Vérité toute sa vie : « *Tat tvam asi* » Mon enfant, tu es la Vérité elle-même !

Ces paroles du *guru* conduisent un disciple, qui a dévoré des livres d'érudits, au monde ineffable de l'expérience. Et un jour, il voit poindre la sagesse.

La Vérité confère la connaissance véritable. La Vérité engendre la beauté intérieure. La Vérité est Shiva. Shiva signifie « l'impérissable ». Tout ce qui est impérissable est splendide. Tout ce qui est éclairé par le rayonnement de la conscience devient resplendissant. Dans leur quête du bonheur, les gens se tournent habituellement vers des objets impermanents. Ils s'aperçoivent rétrospectivement que tous ces objets ne les ont menés qu'au chagrin. Ceux qui consacrent leur vie à faire l'acquisition de possessions éphémères le regretteront un jour ou l'autre. Embrassez donc ce qui est impérissable et vous obtiendrez la beauté de l'âme. Donnez-vous à ce but corps et âme. La mort nous arrachera tous les biens que nous avons acquis. Efforcez-vous donc d'acquérir l'immortalité. Transcendez le temps. Prenez refuge auprès du Seigneur Yama (le dieu de la mort), le vainqueur du temps. Abandonnez-vous au glorieux *guru* qui a le pouvoir de consumer le sentiment d'individualité dans le feu de la sagesse. Tel est le message que délivrent les mahatmas.

Il me vient à l'esprit un incident qui s'est déroulé autrefois, lors d'un anniversaire d'Amma. On avait allumé une lampe pour la cérémonie d'inauguration, dans la véranda du *kalari*. C'était là qu'Amma donnait habituellement le *darshan*. Les *bhajans* avaient commencé après la *pada pouja*. Tout le monde était assis, absorbé dans les chants dévotionnels, quand, tout à coup, un homme s'est frayé un chemin à travers les dévots pour parvenir jusqu'à Amma. Amma avait les yeux fermés et ne l'a apparemment pas vu. Les fidèles avaient le regard rivé sur Amma et n'ont pas fait davantage attention à lui. Dès la fin du *bhajan*, l'homme a murmuré quelque chose à l'oreille d'Amma. D'après l'expression de son visage, il s'agissait manifestement de quelque chose d'assez grave. Amma l'a caressé et réconforté. Personne ne connaissait la nature du problème. A la fin des *bhajans*, Amma a distribué du *prasad* aux dévots puis elle s'est dirigée vers la cuisine. Nous étions tout un groupe à la suivre et, en arrivant à la cuisine, nous avons découvert que le cuisinier avait disparu ! Alors que 3000 fidèles étaient venus à l'ashram, on n'avait préparé un repas d'anniversaire que pour 500 personnes. Personne n'avait imaginé qu'il viendrait tant de monde ! Le cuisinier avait cuisiné pour le nombre de gens présents le matin même et il n'y avait pas de provisions en réserve. Ne voyant pas comment sortir de cette impasse, le cuisinier avait choisi la fuite. Amma a remonté le moral de ceux qui travaillaient dans la cuisine et a entrepris de servir elle-même à manger à tout le monde.

Les fidèles étaient assis en rang dans l'abri en feuilles de cocotiers tressées que nous avions installé à côté de la salle où avaient lieu les cours de Vedanta. Les habitants des villages côtiers voisins avaient apporté des récipients destinés à emporter du *prasad* chez eux. C'est une tradition dans les villages. Dès qu'il y a un repas de fête quelque part, on emporte à manger pour ceux qui n'ont pas pu assister aux festivités. Amma a commencé à servir. En voyant comment elle s'y prenait, les gens de la cuisine se sont alarmés. Nous pensions qu'Amma servirait de petites portions à chacun pour qu'il y en ait pour tout le monde or elle ne répondait pas à nos attentes et distribuait des louches pleines à ras bord. Comment lui dire de réduire les portions ? De toutes façons, elle n'aurait pas obéi. L'obéissance n'a jamais été son fort, même dans le passé ! Les *trikala jnanis* (les êtres éveillés qui voient le passé, le présent et l'avenir) n'ont besoin des conseils de personne. Cela ne nous empêchait pas d'essayer de temps à autre.

Je lui avais dit à plusieurs reprises : « Même Dieu doit obéir de temps en temps ! » J'avais de bonnes raisons pour parler ainsi. Quand on lui disait de se reposer, de manger ou de dormir, elle passait toujours outre. A force de la voir sacrifier son corps, j'ai souvent souhaité qu'elle soit aussi obéissante que les dieux des temples. On peut leur offrir de la nourriture bénie, on peut les faire dormir. La nuit venue, le prêtre ferme la porte du temple et rentre chez lui. A l'ashram, nous ne pouvons pas en faire autant. Ici, le Dieu n'entre même pas dans la maison ! Il s'assoit par terre devant le *kalari* pour méditer. C'est là qu'il donne le *darshan*. On avait construit une petite hutte pour Amma ainsi qu'un petit bâtiment de deux niveaux dont le rez-de-chaussée devait servir de salle de méditation et la pièce à l'étage de chambre pour Amma. Mais si elle préférait dormir à même le sol, que pouvions-nous faire ? Cela nous a donné la chance de connaître le plaisir de dormir sur le sol, à la belle étoile !

Quand j'étais enfant, je rêvais de pouvoir rester sous la pluie, mais mes parents me l'interdisaient de peur, disaient-ils, que je n'attrape de la fièvre. Je suppose qu'ils avaient raison. Quand on n'est pas habitué à être mouillé, il est facile de tomber malade. Les habitants de la forêt qui vivent au grand air et sont exposés au soleil et à la pluie ne sont jamais malades. J'ai vu Amma danser de joie sous des trombes d'eau. Il fallait bien que je découvre le plaisir d'être trempé par la pluie. Je n'ai plus jamais eu envie de rester à l'intérieur pendant un orage. Toutes les occasions étaient bonnes pour recevoir l'*abhishekam* (bain rituel) de la nature. Amma nous a appris à apprécier aussi bien la chaleur extrême que le froid intense ou la pluie violente.

Certains dévots inquiets de la quantité qu'elle servait à chacun ont tenté de la raisonner : « Amma chérie, tu pourrais réduire un petit peu les portions. » Amma n'a pas accordé la moindre importance à leur remarque. Un grand-père du village a marmonné : « Cela ne sert à rien de lui dire quoi que ce soit ! Elle a toujours été très généreuse ! » Amma continuait de servir. Les gamelles se vidaient. Amma servait à toute vitesse.

Damayanti Amma, qui a eu cette chance unique d'être la mère d'Amma et d'être témoin de multiples prodiges, a affirmé résolument sa confiance en Amma : « Si c'est la petite qui sert, il y en aura assez pour tout le monde ». Ses paroles ont rassuré ceux qui observaient Amma en retenant leur souffle. Amma a versé une dernière louche de nourriture dans la dernière feuille de bananier (qui sert d'assiette dans les repas collectifs en Inde, n.d.t.) et, ô merveille, après avoir servi 3000 personnes, il restait encore du riz et des légumes dans les gamelles ! Elle a répondu en souriant à l'ébahissement qu'elle lisait dans notre regard : « Mes enfants, on ne peut ni mesurer ni quantifier l'amour. L'amour est inépuisable. Si quelque chose vient à manquer c'est que ce n'était pas de l'amour. Mes enfants ont travaillé dur et c'est leur amour qui a rempli les casseroles de nourriture. »

Amma prend soin de toujours faire remarquer que tout se fait grâce à l'amour de ses enfants. Elle ne met jamais en avant son pouvoir divin. Après tout, Dieu se plaît à glorifier ses fidèles. Il n'a jamais le sentiment de faire quoi que ce soit. Il est dépourvu d'ego. Comment quelqu'un qui est devenu pur amour pourrait-il avoir un ego ?

Qu'y a-t-il impossible à un être qui est l'amour incarné ? Autrefois, de nombreux habitants d'Allapad ont vu Amma distribuer le contenu d'un tout petit récipient de *pancamritam* (entremets sucré constitué de cinq ingrédients) à un millier de personnes. Quand tout le monde a été servi, le récipient était toujours plein ! Ce jour-là, l'amour débordant d'Amma s'était matérialisé sous la forme de *pancamritam*.

Un fidèle a exprimé ses doutes à Amma : « Si Amma continue à répandre tant d'amour, celui-ci ne va-t-il pas s'épuiser ? » Amma répondu catégoriquement : « Jamais ! Il ne s'épuisera jamais. Je ne donne que ce qui déborde. Ce n'est pas moi qui décide d'aimer, c'est l'amour qui déborde tout seul. »

L'amour qui déborde d'Amma est déjà tellement vaste que nous sommes impuissants à mesurer l'océan d'amour qui emplit son cœur.

On raconte que Durvasa et toute sa suite ont été indirecte-ment rassasiés par un petit bout d'épinard donné avec amour par Pancali[1]. Nous connaissons aussi l'histoire du Christ qui a nourri

---

[1] Pancali et les Pandavas avaient reçu en cadeau divin un *akshaya patram*, un plat qui se remplissait tout seul de nourriture. Un jour, après le déjeuner, Pancali lave le plat. Elle apprend alors que le sage Durvasa, accompagné de sa nombreuse suite, est en route pour l'ermitage. Elle s'inquiète car le sage

cinq mille personnes avec cinq pains et deux poissons. Mais nous n'avons pas personnellement assisté à ces prodiges. Les rationalistes peuvent douter de l'authenticité de ces récits.

Cependant, les événements qui jalonnent la vie d'Amma n'appartiennent pas aux siècles passés. Des milliers de personnes encore vivantes en ont été témoins. Le Seigneur Krishna a montré au monde les prodiges que pouvait réaliser l'amour. Si nous pouvons nous imprégner de ce même amour grâce à l'affection d'une mère, nous trouverons tout miraculeux.

Amma dit que c'est l'amour qui est à la base du monde. Si nous voulons devenir pur amour, il nous faut plonger dans cet océan d'amour qu'est Amma. C'est cela le vrai abandon de soi. Il suscite le désir d'embrasser la Vérité.

* * *

Les mahatmas n'accomplissent pas de miracles mais tout ce qu'ils font devient un miracle. Ce n'est pas qu'ils disent la vérité mais tout ce qu'ils disent devient réalité ! Quand des gens venus recevoir le *darshan* d'Amma la prient de les débarrasser de leurs problèmes et d'accomplir leurs désirs, elle répond : « Amma va faire un *sankalpa*. »

Qu'est-ce que cela signifie ? Les *jnanis* ne font jamais de *sankalpas* en vain. Ceux-ci engendrent dans la nature des vibrations puissantes qui facilitent d'emblée la réalisation du *sankalpa*.

---

est bien connu pour son caractère fougueux et sa tendance à maudire ceux qui encourent sa colère. Elle prie Krishna de l'aider et il apparaît devant elle. Il lui demande quelque chose à manger. Pancali répond qu'elle a déjà lavé l'akshaya patram et qu'il ne reste rien. Krishna lui demande de vérifier. Pancali trouve un petit bout d'épinard resté au fond du plat et elle l'offre humblement à Krishna qui le mange et se dit rassasié. Durvasa et sa suite qui étaient en train de se baigner dans une rivière ont également éprouvé une sensation de satiété et ils ont décidé de se passer de déjeuner.

Quand je vivais à l'ashram avec Amma, j'avais la responsabilité de traduire en malayalam les lettres écrites en anglais, de les lui lire à voix haute et d'écrire les réponses qu'elle me dictait. J'ai pu voir Amma lire attentivement les milliers de lettres qu'elle recevait sans compter son temps. Quelquefois, on les lui cachait pour qu'elle prenne du repos mais elle les dénichait toujours et les lisait toutes.

Un jour, après le *darshan* du matin, Amma est retournée dans sa chambre et je lui ai apporté le courrier comme d'habitude. J'ai lu chacune d'elles mais rapidement car elles étaient nombreuses. En ce temps-là, Amma écoutait la lecture du courrier en étant allongée sur le sol. Je me concentrais sur le contenu des lettres que je lisais à voix haute sans m'arrêter. Tout à coup, j'ai entendu un bruit derrière moi. « *Boum* »! Je me suis retourné. Amma avait roulé au sol comme font les enfants et se retrouvait à présent derrière moi !

Amma a dit : « Ne t'en fais pas pour ce boum ! C'est le chat qui est tombé dans la citerne. Il n'y a pas de souci à se faire, il sait nager ! »

Amma était en train de lire une bande dessinée ! Je ne m'en étais pas rendu compte. Cela ne m'a pas plu du tout. Contrarié, je me suis plaint : « Ce n'est pas la peine que je me fatigue à te traduire des lettres. Si c'est comme ça, j'arrête de te les lire! »

« Ne te fâche pas, mon chéri. Un enfant m'a donné ce livre pendant le *darshan*. Il a mis beaucoup d'amour dans ce cadeau et il voulait que je le lise après le *darshan*. Je ne pouvais pas ignorer son innocent *sankalpa*. Mais Amma faisait également attention à ce que tu lui lisais. »

Je n'avais pas envie de l'écouter. Je lui ai demandé de me dire quel était le contenu des dix lettres que j'avais lues jusqu'à présent. Amma m'a fait un compte-rendu exact. Puis, elle a ajouté : « Maintenant, fils, écoute ce qu'il y a dans les lettres que tu n'as pas encore ouvertes. » Et elle m'a décrit ce que renfermait chacune d'elles. Elle en connaissait le contenu sans même avoir besoin de les ouvrir. Après les avoir ouvertes, j'ai vérifié que ce qu'elle m'avait dit correspondait rigoureusement à la réalité.

Je me suis étonné : « Amma, puisque tu connais déjà le contenu de toutes les lettres sans avoir besoin de les lire pourquoi me fais-tu perdre tant de temps à te les traduire ? »

Amma m'a répondu : « Il y a des personnes qui n'ont même pas les moyens d'acheter un timbre et qui confient leur lettre à quelqu'un qui la remet à Amma. Quand ces personnes écrivent leur lettre, elles le font avec le *sankalpa* qu'Amma va la lire. Amma ne peut que s'incliner devant ce *sankalpa* venu du fond du coeur. »

Elle a continué : « Au moment où ces enfants innocents ont écrit leur lettre, leur *sankalpa* a été enregistré dans la nature. Ces lettres écrites par le cœur parviennent à Amma plus vite que celles du facteur. »

Une mère n'a pas besoin d'une lettre pour savoir que son enfant a faim. Leurs cœurs à tous les deux ne font qu'un grâce au lien profond qui les unit. D'une manière analogue, les mahatmas qui, dans leur amour, ne font qu'un avec l'univers, peuvent ressentir à l'intérieur d'eux-mêmes les vibrations des pensées qu'émettent toutes les créatures.

Bêtises de disciple

28

On dit qu'il y a deux choses qui ne passeront jamais : la compassion du *guru* et la bêtise du disciple. Mes folies passées me reviennent à la mémoire de temps en temps. C'était au début de ma vie à l'ashram ; Amma passait alors tout son temps avec nous. Elle veillait sur nous comme une poule sur ses poussins et nous pouvions nous prélasser à loisir sous ses ailes protectrices. Il nous était impossible de nous éloigner d'elle, ne serait-ce qu'un instant. C'était notre état d'esprit d'alors. Nous méditions ensemble, nous chantions des *bhajans* ensemble et nous dansions ensemble. Parfois, Amma nous jouait des tours et nous faisait hurler de rire. Alors que nous étions en présence du *satguru*, ivres de dévotion et indifférents au reste du monde, je tâtonnais néanmoins dans ma démarche.

Avant de venir à l'ashram, j'avais une conception résolument différente de la spiritualité. Je m'étais imaginé que je ne retournerais jamais dans le monde matériel. Je croyais que, dans le but de trouver Dieu, Amma nous laisserait mener une vie d'ascète dans les montagnes de l'Himalaya ou dans quelque forêt. En fait, elle a corrigé chacune de mes idées fausses.

J'ai décidé d'être très assidu dans ma pratique spirituelle pour être plus proche d'Amma. J'ai également décidé que le meilleur moyen de contempler la forme réelle d'Amma et d'être près d'elle, c'était d'apprendre le rituel de la *Devi pouja*. En adorant Devi sans interruption, m'avait expliqué quelqu'un, je me rapprocherais d'Amma et je pourrais avoir une vision de Devi. J'ai suivi les conseils de cette personne qui m'a, en outre, procuré les ustensiles nécessaires à la *pouja* ainsi qu'une statue de *Devi*.

Je me suis donc lancé dans la pratique des *poujas*. Amma s'est aperçue que je passais beaucoup de temps à faire reluire les instruments rituels. Je croyais qu'accomplir une *pouja* avec du matériel brillant comme de l'or ferait plaisir à Devi. C'est pourquoi je consacrais au nettoyage des ustensiles plus de temps qu'il n'était nécessaire.

Un matin, Amma est entrée dans ma hutte au beau milieu de ma *pouja*. J'avais cru qu'Amma me donnerait son *darshan* sous l'aspect de *Devi*, mais elle était comme d'habitude. J'étais fier du résultat de ma *pouja*. J'avais réussi en un rien de temps à faire venir Amma ! Mes illusions ont été de courte durée. En fait, ce n'était pas le contentement qui amenait Amma. On pourrait même dire que mon plan avait échoué. Le visage d'Amma ne montrait pas la moindre joie. Au contraire, elle arborait un air sérieux. « Fils, tu n'as plus besoin de faire des *poujas*, a-t-elle dit. La *manasa pouja* suffit. »

Ces paroles m'ont cloué sur place. Avant que j'aie pu prononcer un mot, Amma a ramassé tout mon matériel de *pouja* et elle l'a emporté. C'est ainsi que ma « *pouja sadhana* » s'est terminée.

Plus tard, il m'est venu à l'idée qu'on peut progresser sur la voie spirituelle grâce à l'étude des Ecritures. A ce moment-là, à la demande d'Amma, un professeur de sanscrit nous donnait des cours. L'étude du sanscrit est rapidement devenue chez moi une passion dévorante. Préférant consacrer tout mon temps à cette étude, j'ai commencé à sauter plusieurs de mes pratiques spirituelles quotidiennes. Amma m'observait. Je m'étais imaginé qu'en apprenant que j'étudiais sérieusement les Ecritures elle ne m'aimerait que davantage. La suite des événements m'a prouvé que je me trompais.

Une nuit, à deux heures du matin, j'étais en train d'apprendre une leçon de sanscrit à la lumière d'une lanterne quand Amma a fait irruption dans ma hutte et a découvert que, au lieu de méditer selon mon habitude, je ressassais des règles de grammaire. J'étais tellement occupé à mémoriser celles-ci que je ne me suis même pas aperçu de la présence d'Amma ! Elle a rassemblé tous mes textes sanscrits et les a emportés. C'est ainsi que j'ai également décidé d'arrêter provisoirement mon étude du sanscrit.

Puisque Amma n'appréciait pas de me voir sauter les pratiques spirituelles, elle apprécierait sûrement de me voir pratiquer intensément. Je n'avais pas le choix. Il me fallait me livrer aux plus sévères austérités pour m'élever aux sommets de la spiritualité ! Je n'ai eu aucun mal à obtenir la permission d'Amma. Elle a accepté que je pratique *tapas* dans la cave.

« Fils, combien de temps as-tu l'intention de rester dans la cave ? » Pris au dépourvu, je n'ai rien répondu mais, plus tard, je lui ai annoncé que j'y resterais quarante et un jours. Elle a souri et m'a donné son autorisation. Sur le moment, je n'ai pas compris la signification de son sourire.

Le lendemain matin, je me suis levé de bonne heure et je suis entré dans la cave. J'ai commencé ma pratique spirituelle. Quelque temps après, le rire retentissant d'Amma, provenant du *kalari*, est parvenu jusqu'à mes oreilles. Incapable de rester immobile une seconde de plus, je me suis levé et j'ai jeté un coup d'œil par la porte. Mes frères Balu, Venu et Rao étaient assis en compagnie d'Amma. Elle les faisait rire avec des histoires drôles. Je n'entendais pas bien ce qu'elle disait. Doucement, je suis alors sorti de la cave pour aller m'asseoir derrière elle. Au bruit de mes pas, elle s'est retournée. Elle a ri en me voyant et m'a demandé : « Cher Sri, quand commences-tu ton ascèse dans la cave ? »

Je ne l'avais pas informée de mon intention de commencer le matin même. En réalité, je souffrais déjà terriblement d'être séparé d'Amma. Elle m'a regardé avec compassion comme pour m'encourager. J'ai baissé la tête pour qu'elle ne voie pas mes yeux se remplir de larmes.

Quand je lui avais fait part de mon désir de faire du *tapas*, je n'avais pas pensé qu'il me serait si difficile de rester physiquement éloigné d'elle. Le lendemain, je suis retourné dans la cave et j'ai commencé ma pratique. Quelques heures se sont écoulées puis j'ai entendu un *bhajan* au-dehors. Mon mental s'est envolé vers le chant. J'ai tout essayé pour me contrôler mais il m'était impossible de rester assis. J'avais beau me dire que je ne devais pas me lever, c'était plus fort que moi ! Debout à l'entrée de la cave, j'ai regardé au-dehors et j'ai vu Amma qui chantait avec les *brahmacharis*. Plusieurs fidèles de Kollam étaient assis autour d'eux. A cette époque-là, c'était moi qui accompagnais Amma à l'harmonium. J'ai regardé de plus près pour savoir qui me remplaçait. C'était Nealu. Je me suis précipité hors de la cave ! Amma a expliqué à la ronde ce qui m'arrivait. Les regards se sont tournés vers moi et tout le monde s'est mis à rire. Je me sentais impuissant et très malheureux. Sans mot dire, je suis retourné dans la cave et je me suis assis en jurant que cela ne se reproduirait plus jamais.

Je devais honorer la parole que j'avais donnée à Amma. J'ai pris la résolution de ne pas sortir de la cave avant la fin des quarante et un jours. Les premiers jours ont été très durs. Chaque fois que j'entendais la voix d'Amma, mon vœu se trouvait menacé par le désir de la voir. Je priais Amma de me donner la force de surmonter la difficulté. « Si seulement Amma venait me rendre visite, » pensais-je avec nostalgie. A l'idée qu'elle pourrait venir, je restais éveillé toute la nuit à l'attendre. Mais elle ne venait jamais. J'ai commencé à me résigner à ma situation.

Un jour, Amma est entrée dans la cave. Son amour et son affection m'ont redonné un nouveau souffle de vie. « Fils, quand tu sortiras de la cave, il faudra que tu amènes Devi-amma avec toi, » m'a-t-elle rappelé.

J'ai compris plus tard qu'elle m'avait permis de sentir que la déesse Devi, c'est-à-dire Amma, réside à l'intérieur du cœur. Les jours qui ont suivi, j'ai vraiment senti qu'Amma était constamment proche de moi bien qu'elle soit physiquement éloignée. Sans cette expérience, je n'aurais jamais réussi à rester dans la cave. Je passais mon temps à méditer sur Amma.

Un beau jour, j'ai entendu de nouveau la voix d'Amma devant la cave : « Sri-mon, les quarante et un jours sont écoulés. Tu ne sors pas ? »

J'ai été incapable de répondre. J'étais complètement accoutumé à mon environnement. Deux jours plus tard, Amma est venue me tirer de la cave. En éclatant de rire, elle m'a dit : « Fils, le fait de penser continuellement à son *guru* est en soi une forme de *tapas*. Peu importe qu'on soit à l'intérieur ou à l'extérieur d'une cave. Il n'est donc pas nécessaire de pratiquer *tapas* dans la cave. Une fois que le lien avec le *guru* est tissé, toute action devient une ascèse. »

J'ai lu que la présence physique du *guru* était absolument nécessaire dans les premières étapes de la *sadhana* d'un disciple. Si l'on arrive à vivre auprès du *guru* en ayant une attitude de lâcher prise, il n'y a rien qu'on ne puisse accomplir. J'ai compris que j'avais été vraiment stupide de me priver de la présence physique d'Amma alors qu'elle passait vingt quatre heures sur vingt quatre à danser et à chanter avec ses enfants. J'avais gâché quarante et une précieuses journées en or. Amma m'a réconforté avec des paroles gentilles.

Ce qui compte le plus c'est de penser sans cesse au *guru*. Essayons de faire le meilleur usage possible de la présence du *guru*. Être en présence d'un mahatma est une chance rare. Il est déjà difficile de naître en tant qu'être humain. Il l'est encore plus de s'intéresser à la spiritualité. Mais il est exceptionnel de côtoyer un mahatma. Et nous avons ce privilège grâce à Amma. Obéissons-lui avec amour, foi et dévotion. Au lieu de réprimer nous-mêmes nos désirs et aversions, laissons Amma nous guider.

Il nous faut acquérir la force de tirer profit des situations défavorables et apprendre à dépasser nos goûts et dégoûts. A force de cultiver l'ouverture de l'esprit et du cœur, nous serons capables d'éprouver de la compassion pour les chagrins d'autrui. Prenons conscience de nos mauvaises habitudes et débarrassons-nous d'elles. Efforçons-nous de nous libérer de l'ego. Cela fait partie de la démarche spirituelle. Amma crée des situations qui permettent de réaliser ces objectifs. En présence du *guru*, il est ainsi possible d'arriver très rapidement au but. Sans lui, il faudrait des vies et des vies d'ascèse pour aboutir au même résultat. Chaque geste d'Amma contient davantage de leçons de sagesse qu'un millier de livres. Celui qui serait capable de comprendre les multiples expressions qui se succèdent sur son visage et les divers *mudras* que dessinent ses doigts, n'aurait vraisemblablement besoin de rien d'autre pour trouver la sagesse spirituelle.

La spiritualité ne consiste pas simplement à pratiquer des *poujas*, à étudier le sanscrit et les Ecritures, ou à s'enfermer dans une cave. C'est également une façon de voir les choses qui donne la force de faire face à n'importe quelle situation. Elle nous aide à prendre du recul et c'est cela qui rend heureux et donne toute sa beauté à la vie. Vivre devient un art. Faisons de chacun de nos gestes une pratique spirituelle. La spiritualité est la science de la sagesse qui apprend aux humains à mener une vie sublime en répandant, comme le lotus qui pousse dans la boue, le parfum et la beauté de l'amour sans se laisser souiller par le monde.

Actuellement, chacune de nos actions, mentale ou physique, est pure folie. Il en sera toujours ainsi à moins que nous ne transcendions le mental. Nous aurons beau accumuler une grande quantité d'informations et devenir une encyclopédie vivante, nous continuerons malgré tout à répéter inlassablement les mêmes bêtises. Comme le dit Amma : « Nous avons le savoir mais pas la conscience. » Amma nous transmet la sagesse qui mène au degré le plus élevé de la conscience.

Nous devrions consacrer toute notre existence à la pratique spirituelle. De nombreux enfants d'Amma ont fait de leur travail une pratique spirituelle et se sont ainsi attiré la grâce de Dieu. Ils font maintenant du *seva* dans divers endroits du monde. Amma les encourage à se purifier intérieurement au moyen du service désintéressé. Tout le monde ne peut suivre la même démarche pour arriver à la réalisation du Soi. Rares sont les aspirants de haut niveau qui ont beaucoup de qualités *satviques*. La plupart des chercheurs montrent une prédominance de *rajas* ou de *tamas* dans leur personnalité. C'est pourquoi le *guru* conseille à chacun de suivre la voie qui convient le mieux à sa constitution mentale propre.

La majorité des gens ne tiennent compte, tout au long de leur vie, que de leur intérêt personnel. Or, la grâce divine est la récompense du travail désintéressé. Même si nous travaillons pour nos proches ou notre famille, essayons d'avoir une attitude désintéressée. Ce sont les actions accomplies dans cet état d'esprit qui font la beauté de la vie et engendrent le contentement.

L'illusion cosmique, reposant sur la dualité, est la cause de toute souffrance. Nous voyons ce que nous ne devrions pas voir mais nous ne voyons pas ce qu'il faudrait voir ! Pour arriver à voir le monde tel qu'il est, il faut acquérir la pureté intérieure. Pour que l'œil de la sagesse s'ouvre, il faut la grâce du *guru*. Elle seule nous fera voir la Vérité et cette vision supplantera notre conscience orientée vers le monde matériel. Lâchons notre fardeau karmique et faisons de notre vie en ce monde un pèlerinage vers le Tout. Ce *samsara* n'est qu'un temps d'apprentissage. Investissons dans la vie divine afin de devenir un *paramahamsa* (grand saint) et de dépasser toutes les dualités. Nous pouvons y parvenir en présence du *guru*.

L'amour qui déborde de notre cœur doit se concrétiser sous forme de *seva* mais il faut en premier lieu apprendre à servir le *guru*. Qui pourrait ne pas aimer Amma, alors qu'elle a toutes les qualités divines ? Tout le monde brûle d'envie de la servir ! Dans les premiers temps de l'ashram, nous rivalisions tous de zèle pour la servir. Cette compétition entre dévots n'était pas sans poser quelques problèmes. J'y ai contribué.

Une partie de la hutte où habitait Amma servait de cuisine. C'était Swami Ramkrishnananda qui préparait habituellement le thé matinal d'Amma. Un jour qu'il était absent de l'ashram j'ai décidé de le remplacer. Ce serait moi qui ferais son thé. Je n'avais jamais fait de thé de ma vie. Mais je m'affairais comme si je tenais un salon de thé ! C'est le devoir du disciple de servir le *guru,* n'est-ce pas ? Pas question de laisser passer cette occasion de servir Amma. Avant que quiconque n'ait pénétré dans la cuisine, j'ai annoncé mon intention de préparer le thé d'Amma. De plus, j'ai mis Amma au courant de mon projet. Ainsi, personne n'est venu contrarier mes plans.

Une demi-heure plus tard, Amma m'a appelé depuis le *kalari :* « *Sri-mon*, où est le thé ? »

« Je suis en train de le faire. » ai-je répondu à voix haute. Elle est venue vérifier comment je m'y prenais pour préparer mon fameux thé. Elle a regardé le liquide qui bouillait dans la casserole et elle s'est enquis : « Pourquoi le thé est-il si noir ? »

« C'est ce que j'étais en train de me demander. J'ai recommencé plusieurs fois et il est toujours aussi noir. Je n'arrive pas à comprendre pourquoi ! »

Sans faire attention à mes explications, Amma a saisi la théière. « Il doit y avoir un problème avec le thé. A chaque fois que je recommence c'est la même chose, » ai-je dit en avouant mon impuissance. J'ai ouvert la boîte qui contenait le thé et je l'ai montrée à Amma. Elle s'est mise à rire bruyamment. Je ne voyais pas ce qui pouvait déclencher une telle hilarité. J'ai compris un peu plus tard la bévue que j'avais commise. Ce que j'avais mis dans l'eau chaude en croyant que c'était du thé était en fait de la paille de riz brûlée dont on se servait comme poudre dentifrice ! Amma s'est aperçue que j'avais confondu par inadvertance la boîte à thé avec la boîte à dentifrice.

« Amma, je t'en prie, n'en parle à personne, lui ai-je dit. L'erreur est humaine. Va donc t'asseoir devant le *kalari* pendant que je prépare le thé. Je te l'apporte dans cinq minutes. »

Amma a docilement été attendre son thé sous la véranda du *kalari*. J'ai préparé une tasse de thé en un rien de temps avec la dextérité d'un expert. Je me suis dit que ce n'était pas une mince affaire mais que je m'en étais vraiment bien tiré et je suis allé fièrement servir Amma. A la première gorgée, elle a posé la tasse par terre et s'est mise à se tordre de rire sur le sol. Je l'avais déjà vue faire cela quand elle entrait en *samadhi*. Mais c'était toujours pendant les *bhajans*. Je ne comprenais pas comment une tasse de thé pouvait lui faire tant d'effet. Peut-être avais-je trop répété mon mantra pendant la confection du thé ? Ferais-je la même expérience en goûtant le thé ? J'ai voulu en avoir le cœur net. J'ai avalé une gorgée de thé et compris immédiatement ce qui l'avait fait rire. Je me suis aperçu que la similitude d'aspect et de couleur du sucre et du sel pouvait avoir de dangereuses conséquences. Au lieu de sucrer le thé, je l'avais salé ! Au lieu de servir Amma, je l'avais incommodée ! Cette prise de conscience m'a fait de la peine. Finalement, Amma est allée se faire du thé dans la cuisine et elle m'en a donné une tasse. Son visage débordait de gentillesse maternelle et exprimait uniquement de l'affection. Subjugué par la puissance de son amour divin qui dissipe l'ignorance et l'ego du disciple, j'ai senti les larmes me monter aux yeux.

Sous prétexte de servir le *guru*, la plupart du temps, nous le dérangeons. Nous devrions nous contenter de faire ce que nous savons faire et ne pas insister pour faire le *seva* de quelqu'un d'autre.

Les premiers *sevaks* qui ont servi Amma ont été des oiseaux et des animaux. Amma a dit un jour : « Les animaux et les oiseaux ont tout de suite compris Amma mais les humains ont eu beaucoup plus de mal. »

L'innocence permet souvent d'appréhender ce qui échappe à l'intellect. Amma ne faisant qu'un avec la nature, les créatures vivantes ont perçu sa grandeur. Les êtres humains ont été les derniers à la comprendre. Quand Amma ne mangeait pas, les aigles, les vaches et les chiens se sont empressés de la servir tandis que les êtres humains la traitaient sans hésitation de folle et se moquaient d'elle. En observant les oiseaux et les animaux, nous pouvons apprendre beaucoup de choses. C'est pourquoi les *avadhutas* se sont efforcés de les considérer comme des *gurus* (*Avadhuta Gita*). Les gens soi-disant éduqués d'aujourd'hui oublient trop souvent que les êtres que nous croyons dépourvus d'intelligence pratiquent le service désintéressé. Au lieu d'apprendre quelque enseignement de ces créatures muettes, nous les tuons pour les manger. Comment les humains peuvent-ils trouver la paix dans un monde imprégné de la souffrance et de la misère des bêtes qui hurlent dans les abattoirs ?

A chaque catastrophe naturelle, les êtres humains doivent assister, pétrifiés, à la danse sauvage de la destruction et à l'écroulement de ce tout qu'ils ont construit. Cela ne les amène pas pour autant à respecter davantage la nature. Les grands maîtres spirituels sont critiqués même aujourd'hui. Les mahatmas continuent d'être persécutés alors qu'ils ne font que du bien. Cela n'empêche pas Amma, tel un jaillissement perpétuel d'amour, de continuer à voyager à travers le monde, de prier pour ceux qui la critiquent et la raillent et de déborder de compassion envers tous.

Merveilles de
l'amour divin

29

J e me rappelle que chaque journée nous offrait une profusion d'expériences. Amma créait autour d'elle un microcosme du monde. Il était émouvant de voir comment elle reliait avec amour des enfants très différents pour en faire une guirlande qui embellissait le monde et qu'elle offrait au Seigneur. La présence d'Amma transforme une statue en déité, embellit tous les défauts et fait fondre l'ego. Amma a changé le monde spirituel en une gigantesque université. Lumineuse personnification du sacrifice de soi, elle propose sans cesse aux chercheurs de boire le nectar de son amour divin et de se dissoudre dans l'éternité, quelle que soit la voie qu'ils suivent. Amma multiplie chaque jour les expériences, amusantes et instructives.

Dans les premiers temps de l'ashram, il n'y avait pas de bâtiments. L'ashram se réduisait à quelques huttes et au *kalari* où Amma donnait le *darshan*. Les pratiques spirituelles comme le *japa* et la méditation se faisaient au bord de la lagune. La plupart du temps, Amma restait assise par terre devant le *kalari*. Elle n'utilisait jamais de natte, même pour s'allonger. Habitués à la voir se sacrifier, les résidents de l'ashram avaient suivi son exemple. Les *brahmacharis* libéraient leur hutte pour loger les visiteurs de l'ashram. Nous leur préparions à manger et il arrivait souvent qu'il ne reste rien pour nous après les avoir servis. Nous nous allongions alors à même le sol, le ventre vide et Amma essayait souvent de nous réveiller pour nous faire manger. Nous n'éprouvions aucune fatigue, même quand il nous arrivait d'avoir faim plusieurs jours de suite. C'est alors que nous avons pris conscience que le bonheur et la satisfaction se trouvent dans le fait de se sacrifier plutôt que de prendre. Chacune de nos journées était remplie de moments réellement bénis.

Un fidèle avait dormi dans la hutte de Unnikrishnan (maintenant Swami Turiyamritananda Puri) qui faisait les *poujas* dans le *kalari*. Désolé de voir qu'Unnikrishnan dormait à même le sol, il avait apporté, la fois suivante, une natte neuve et avant de partir, il avait incité Unni à l'utiliser.

Après cela, il s'est trouvé qu'un homme de Kattur a assisté à des *bhajans* dans le temple d'Occira. C'était des *brahmacharis* d'Amritapuri qui chantaient. L'attrait qu'il a ressenti pour ces chants l'a poussé à venir voir Amma. Stupéfait, il a découvert à Vallickavu des choses incroyables. Il a regardé avec curiosité les *brahmacharis* qui, en dépit de leur jeunesse, avaient tout quitté pour servir l'humanité et qui méditaient au bord de la rivière. Il a éprouvé beaucoup de respect pour ces jeunes qui avaient cherché refuge aux pieds de lotus d'Amma et renoncé au confort et aux plaisirs sensuels qu'offre le monde moderne. Ces résidents de l'ashram chantaient des hymnes dévotionnels pendant toute la durée du *darshan*. Ils travaillaient à la cuisine, à l'étable et sur les chantiers de construction avec une attitude de renoncement. Il a cherché à en savoir davantage sur ces bienheureux *brahmacharis* d'Amma. Il s'est entretenu avec chacun de nous. Il nous a même conseillé de répéter trois fois la dernière ligne de chaque *bhajan*.

Il s'est particulièrement intéressé à Unni qui avait composé la plupart des *bhajans*. Comment Unni arrivait-il à écrire de si beaux poèmes ? Comment arrivait-il à composer des chants qui expriment des principes spirituels aussi hermétiques sans avoir appris le sanscrit ni suivi d'études supérieures ? Il n'y a rien d'impossible avec la grâce du *guru*. Déterminé à percer le secret de la poésie d'Unni, il a soumis les *brahmacharis* et les dévots à un interrogatoire serré. C'est un fidèle, nommé Ayyapan, qui lui a donné la réponse la plus précise. Ayyapan passait le plus clair de son temps à lire sous les cocotiers. Les événements qui ont suivi prouvent que c'est une bonne action de chercher à faire rire les autres.

En un clin d'œil, Ayyapan a concocté un scénario qui explique le secret de la poésie d'Unni. Voici ce qu'il lui a appris : « Un grand yogi est venu ici, il y a quelques années. Il a séjourné deux-trois jours à l'ashram puis il est reparti. Il a dormi dans la hutte de Unni. C'était un yogi doué de formidables pouvoirs occultes. Il a légué à Unni la natte sur laquelle il s'étendait et celle-ci était imprégnée d'énergie divine. Le miracle s'est produit après le départ du yogi. Quand Unni s'est assis sur la natte, des poèmes ont commencé à jaillir de lui. Il s'est mis à écrire sans pouvoir s'arrêter. Depuis ce jour-là, Unni s'installe sur cette natte pour écrire de la poésie. »

Le dévot en avait déduit que le secret de la poésie d'Unni résidait dans le pouvoir divin de la natte de paille. Il a passé la nuit à l'ashram. Le lendemain, à son réveil, quand Unni a voulu rouler sa natte, il s'est aperçu qu'il en manquait la moitié ! Qu'avait-il bien pu se passer ? Unni a montré à tout le monde ce qui restait de sa natte. Les rires ont fusé mais personne n'avait d'explication à lui donner. De toutes façons, Unni était bien content d'avoir perdu la moitié de sa natte, il n'aurait plus à s'en servir !

Environ deux ans plus tard, Amma s'est rendue à Kattur pour un programme. Elle logeait dans la maison de ce fameux dévot. Elle a ouvert la porte de la salle de *pouja* et, en pénétrant à l'intérieur, nous avons tous remarqué un paquet enveloppé d'un tissu en soie placé devant la lampe à huile. Après avoir effectué la *pouja*, Amma a demandé au maître de maison ce qu'il y avait dans le paquet. D'un ton empreint d'humilité, le fidèle lui a répondu : « Amma, ouvre-le. » Amma a entrepris de dérouler lentement le tissu. Tout le monde la regardait avec une grande excitation. Quel pouvait bien être cet objet si soigneusement enveloppé qu'il avait placé devant la lampe à huile ? Amma a enlevé une à une toutes les épaisseurs de soie brillante qui entouraient le paquet. Quand elle a eu fini de le déballer, nous avons tous éclaté de rire en découvrant au milieu de la soie un morceau de natte tout déchiré. C'était la moitié manquante de la natte d'Unni ! Même ceux qui ignoraient tout de l'histoire riaient. Nous qui étions au courant, étions pliés en deux, pris d'un fou rire irrépressible ! Amma a attiré l'innocent dans ses bras et l'a embrassé. Par la suite, cet homme est venu à l'ashram montrer les poèmes qu'il avait composés. Par la grâce d'Amma, ceux-ci étaient une merveille, ce qui prouve qu'une foi innocente peut accomplir des miracles.

La liste des prodiges qui se produisent en présence d'Amma est sans fin. Les pittoresques huttes en feuilles de palmes tressées situées devant le *kalari* réveillaient l'enthousiasme et la pureté enfantine des plus blasés. De combien d'efforts le *kalari* a-t-il été témoin ? Qu'il soit dévot, homme politique, universitaire, rationaliste, scientifique, chef religieux, chacun peut, dans ce sanctuaire béni, faire l'expérience divine d'un cœur pur et d'un mental humble.

Les histoires de la vie de Kalidas nous apprennent comment la compassion de Kali a transformé un simplet en poète. A la question de Kali : « Qui est là ? », au lieu de répondre « moi », Kalidas a répondu « ton serviteur». Dieu ne peut que bénir celui qui a une attitude de serviteur. Le fait est que Kali l'a inondé de bienfaits.

Ce genre de prodiges se manifestent continuellement aussi ici dans ce lieu sacré. Le *satguru* peut faire de n'importe qui un orateur, un professeur, un chanteur ou un dévot fervent. Quand nous ne sommes qu'un outil dans les mains de Dieu, nous pouvons devenir n'importe quoi. Un outil n'a pas de préférences et ne se plaint jamais. Un instrument de musique attend patiemment que le musicien pose les doigts sur lui. Il se soumet en silence. Pratiquons et attendons patiemment la compassion du *guru* comme le bouton de fleur attend d'éclore. Nous pouvons devenir ces fleurs éternelles qui exhalent le suave parfum de la spiritualité.

* * *

Nous connaissons aussi l'histoire de certaines personnes qui, croyant qu'elles peuvent obtenir tout ce qu'elles veulent grâce à la bénédiction d'Amma, cherchent à l'utiliser pour se débarrasser de leurs ennemis. Il y a beaucoup de gens qui paient des prêtres pour effectuer des *poujas* censées détruire les ennemis. Ce que Devi détruit, ce n'est pas l'ennemi mais le sentiment d'inimitié. Autrement dit, se débarrasser de ses ennemis consiste à s'en faire des amis.

Un mardi soir, pendant le *Devi Bhava*, un homme a pénétré dans le *kalari*. Nous l'avons tous remarqué car il répétait des mantras à voix haute et pour entrer dans le temple, il était passé devant tout le monde en ignorant la longue queue des gens qui attendaient le *darshan*. Il a immédiatement versé des fleurs sur la tête d'Amma tout en psalmodiant des mantras. Amma a fermé les yeux et s'est mise à méditer. Elle est restée immobile pendant une dizaine de minutes. Elle a ouvert les yeux quand l'homme a eu fini de lui offrir des fleurs. L'air grave, elle lui a demandé : « Fils, est-ce que tu penses que ce que tu fais à l'idole atteint également le corps ? »

Personne n'a compris le sens de sa question. « Amma, je ne pouvais pas faire autrement, pardonne-moi, je t'en prie ! » Les personnes à côté de l'homme qui ont entendu sa réponse n'ont pas pour autant compris de quoi il s'agissait.

« Maintenant, Amma, il suffit que tu me donnes des fleurs de la main droite et je m'en vais tout de suite. »

Amma a saisi des fleurs de la main gauche et les lui a tendues. Il n'en a pas voulu et a insisté pour qu'Amma les lui donne de la main droite. Amma n'a pas cédé. Les gens qui attendaient leur *darshan* ont commencé à s'impatienter. Finalement, l'homme a pris quelques fleurs, il les a appliquées contre la main droite d'Amma et il est parti.

Qu'avait-il fait ? L'inquiétude des dévots grandissait. Amma se contentait de sourire. Pour elle, ce n'était qu'une *lila* de plus. Les dévots, subjugués par le sourire exquis de leur mère qui s'amusait des espiègleries de ses enfants, en ont oublié leurs interrogations mais pas moi.

Le lendemain, Amma a devancé ma question et a expliqué ce qui était arrivé. L'homme qui était venu en chantant des mantras était propriétaire d'une boulangerie. Amma se rappelait très bien l'avoir vu à plusieurs reprises au *darshan*. Il se trouve que quelqu'un avait ouvert un commerce près de sa boulangerie et que son chiffre d'affaires avait baissé de manière significative. Il voulait à tout prix se débarrasser de ce concurrent. Il avait plusieurs fois supplié Amma de l'aider. Il croyait que seule l'élimination de son rival pouvait améliorer sa situation. Quand il s'était rendu compte qu'Amma ne se rendrait pas complice d'un acte qui nuirait à autrui, il était allé, en désespoir de cause, chez un adepte de la magie noire. Celui-ci lui avait appris des mantras destinés à forcer Devi à lui obéir. C'étaient ces mantras qu'il avait récités en arrosant Amma de pétales de fleurs. Apparemment, le sorcier lui avait également promis le succès, mais à la condition qu'Amma lui tende des fleurs de la main droite !

« Arrivera-t-il à ses fins ? ai-je demandé. »

« Non, fils. Amma a fait un *sankalpa* pour que sa boulangerie prospère sans que cela ne nuise à l'autre commerçant. C'est pour cela que, lorsqu'il a commencé à offrir des fleurs en récitant ses mantras, Amma a dû quitter son corps un petit moment. » Je me suis souvenu qu'en effet, Amma était restée complètement immobile, les yeux fermés. « Comme il a offert des fleurs à un corps inerte, son désir ne se réalisera pas. Amma prie cependant pour qu'il évolue. »

Qu'y a-t-il d'impossible aux mahatmas qui ont le pouvoir de quitter leur corps à volonté ? Ils ne désirent que le bien du monde. Ils ne peuvent nuire à personne. Leur vie est un hymne à l'amour éternel, un écho du mantra d'amour qui résonnera dans tout l'univers jusqu'à la fin des temps.

* * *

Les mots sont impuissants à décrire les états les plus élevés de béatitude. Beaucoup des faits qui se produisent en présence d'Amma sont au-delà des mots. Grâce à la foi innocente, des choses qui nous paraissaient impossibles s'accomplissent. Il suffit d'avoir un cœur pur et de croire. Ensuite, tout ce qui se prépare dans le royaume intérieur de la conscience devient réalité.

Le mental n'est jamais stable. Il crée des doutes. Il cherche des preuves pour l'intellect. Les questions qui nourrissent le doute germent aussi vite que les feuilles d'un arbre. On perd son temps à chercher des réponses. Quand le mental s'en mêle, on passe à côté de ce que l'on obtiendrait facilement par le lâcher prise. Un cœur débordant d'amour ignore le doute. Il ne peut que croire. On ne peut même pas dire qu'il croit. Le doute naît de la peur et la foi de l'amour. La foi est réservée à ceux qui savent aimer car lorsqu'il y a de l'amour, il n'y a ni doute ni plainte. La dévotion est le parfum de la foi. La logique a été créée par un monde qui périt faute de points de repère. Mais la vie n'est pas logique. Quand un rationaliste se précipite à l'hôpital avec son enfant agonisant, il fait toute confiance au médecin. Il ne vérifie pas ses diplômes avant de lui confier son enfant. Il n'étudie pas la composition chimique des médicaments avant de les lui administrer. Il fait preuve, lui aussi, d'une foi aveugle. Il y a dans le mental de subtiles tendances à la rébellion qui nous poussent à nier l'existence de Dieu. Mais une fois que l'ego est décapité, nous devenons humbles. En présence d'un *satguru* tel qu'Amma, le mental se purifie et l'enfant retrouve ainsi son innocence naturelle. Toute foi est aveugle. Néanmoins, la foi qui découle de l'abandon de soi dissipe les ténèbres de l'ignorance. La lumière de l'amour divin éloigne l'ombre jetée par le doute. C'est ce qui se passe en présence du *guru*.

Tandis qu'elle donnait le *darshan*, Amma a appelé un jeune garçon qui était assis au milieu des dévots. Elle lui a demandé de s'asseoir à côté d'elle et ils ont longuement bavardé. La joie qui se lisait sur son visage prouvait combien il était heureux qu'Amma l'ait reconnu.

– Amma, tu ne m'as pas oublié ! Amma a ri.

– Il est difficile d'oublier, n'est-ce pas, fils ?

J'ai réalisé que la réponse d'Amma ne s'adressait pas seulement à ce garçon. Elle faisait probablement allusion à la difficulté que l'on rencontre à ne penser qu'à Dieu et à oublier tout le reste.

Ce garçon avait eu la chance de recevoir le *darshan* d'Amma quelques mois auparavant quand elle était allée à Konni, dans l'est du Kerala, à l'invitation de ses fidèles. A l'issue du programme, Amma s'était rendue dans la maison d'une famille de dévots. Tandis qu'elle chantait des *bhajans* extatiques avec eux, elle s'était aperçue qu'un garçon la regardait avec ferveur. Le maître de maison le lui avait présenté : « Amma, c'est un très bon chanteur ! » Amma l'avait attiré à elle et lui avait donné sa bénédiction. Il avait ensuite chanté un hymne en l'honneur du seigneur Ayyapa qui avait beaucoup plu à Amma.

C'était sa première visite à l'ashram et il pensait qu'Amma ne se souviendrait pas de lui. Mais, d'après ce qu'elle lui disait, il se rendait compte qu'elle se souvenait même des paroles du chant qu'il avait chanté. Il est resté assis à côté d'elle jusqu'à la fin du *darshan*. Il voulait dire quelque chose à à Amma mais il n'arrivait pas à se décider. Amma l'a encouragé :

– Fils, que veux-tu demander à Amma ?

– Je voudrais un violon, a-t-il timidement énoncé.

– Tu sais en jouer ?

– Non, je n'ai pas appris. Mais j'ai vraiment très envie de jouer du violon. J'ai étudié la musique classique et si j'avais un violon je pourrais apprendre à en jouer tout seul. Je sais que je peux y arriver si Amma me donne sa bénédiction.

Ces innocentes paroles ont dû aller droit au cœur d'Amma. Elle m'a immédiatement appelé : « Sri-mon, va chercher ton violon. »

On m'avait donné un violon quelques jours auparavant. Je jouais déjà de la flûte mais j'avais alors essayé de me mettre au violon. Mon intérêt tout nouveau pour cet instrument venait aussi du fait que j'avais vu Amma jouer un chant sur le violon qu'un homme lui avait donné à bénir. Elle m'avait dit : « C'est Ganapati Swami qui m'a appris à jouer du violon.» Je m'étais mépris sur ses paroles et m'étais demandé à quoi pouvait bien ressembler le violon du dieu Ganapati. Devinant mes pensées, Amma avait précisé : « Espèce d'idiot ! Je te parle de Ganapati Swami, pas du dieu Ganapati !»

Il m'a fallu un certain temps pour comprendre de qui elle parlait. Ganapati Swami, de Kollam, faisait partie des tout premiers fidèles d'Amma. Il avait eu le désir d'enseigner le violon à Amma et il en avait expliqué les raisons. Il avait le sentiment que cela permettrait aux fidèles de voir et d'entendre Devi, la déesse des arts, jouer d'un instrument de musique. Il lui avait alors demandé l'autorisation de lui donner des leçons de violon.

Le Seigneur n'a aucun scrupule à jouer les bouffons pour le bonheur de ses fidèles ! Amma avait accepté avec plaisir d'apprendre à jouer du violon.

Les gens ordinaires s'arrêtaient à l'apparence et au caractère d'Amma et ne voyaient en elle qu'une jeune fille. C'est pourquoi beaucoup d'entre eux l'appelaient « Petite » quand ils s'adressaient à elle. Les dévots éprouvaient un bonheur indicible à la voir se conduire en enfant malicieuse. Le lendemain, quand Ganapati Swami est venu lui donner une leçon de violon, il savait que, au cours de celle-ci, Kunju risquait de vouloir qu'il la porte sur son dos et qu'il lui fallait être sur ses gardes. Amma s'exprimait différemment suivant les croyances des fidèles. Les gens qui l'appelaient « enfant », elle les traitait de « père » ou mère ». Pour ceux qui l'appelaient « Mère », elle utilisait probablement les mots « fils » ou « fille ». Les fidèles qui percevaient en elle à la fois l'enfant et la mère lui donnaient le nom de « Ammachi-kunju ». Rares étaient ceux qui, comme Ganapati Swami, voyaient en elle la Déesse en personne.

Il avait dû s'avouer vaincu dès le premier cours. Amma était pourtant prête à apprendre et elle avait demandé à Ganapati Swami de jouer un chant. Il s'était mis à jouer un hymne à Amma dont le visage exprimait la majesté de Devi. Dès les premières mesures, il s'est rendu compte qu'Amma était en plein *samadhi*. Il a continué de jouer en la contemplant avec ravissement, les yeux débordant de larmes. Il venait tous les jours et la même chose se reproduisait à chaque fois. Il a eu ainsi la chance d'assister à d'innombrables *samadhis* d'Amma. Il a dû en absorber les vibrations bénéfiques. Quelqu'un lui a posé un jour la question suivante :

– Avez-vous fini par lui apprendre le violon ? Il a répondu par une boutade.

– C'est moi qui ai appris.

– Qu'avez-vous appris ?

– Qu'on ne peut rien enseigner à Devi.

C'était une réponse lourde de sens. C'est nous qui avons quelque chose à apprendre de chacun des gestes d'Amma. C'est comme cela que le *guru* nous enseigne tout ce que nous ne pouvons apprendre. Elle se met à notre niveau et met en scène sa *lila* . C'est par pure compassion qu'elle se déguise.

J'avais donc eu le désir d'apprendre le violon, et quelques jours après, quelqu'un m'en avait offert un. Amma m'avait permis d'accepter le cadeau. J'avais fait plusieurs tentatives pour apprendre à en jouer. Un professeur de violon de Karunagapally était venu à l'ashram et j'avais été très heureux de voir comment Amma orchestrait mon apprentissage.

J'étais en train de progresser dans l'étude de cet instrument. Quand Amma m'a dit de le lui apporter et qu'elle l'a tendu au jeune garçon, j'ai décidé que la flûte convenait mieux à mes goûts et à mes aptitudes. Voilà comment s'est terminé mon apprentissage du violon.

Quelques semaines plus tard, j'ai vu en première page du journal la photo du premier prix de violon du festival des jeunes musiciens de l'état. Tous les journaux le mettaient en valeur. J'ai découvert avec stupéfaction que c'était le garçon à qui Amma avait donné et mon violon et sa bénédiction !

Éveillez-vous
mes enfants !

30

Pourquoi Dieu a-t-il créé ce monde de souffrance ? Pourquoi la vie des humains est-elle emplie de tourments ? Pourquoi Dieu met-il tant d'obstacles sur leur chemin ? Beaucoup de fidèles dans le monde se posent ces questions au fond de leur coeur. Dans les périodes de crise, ils se demandent sans réfléchir pourquoi Dieu leur a donné une vie si affligeante.

Amma dit : « Mes enfants, il n'y a pas de chagrin dans le monde de Dieu. Il est l'incarnation de la béatitude. » On ne pourra jamais montrer au soleil ce qu'est l'obscurité car elle n'existe pas dans le monde du soleil. Il en va de même pour le chagrin : il n'existe pas dans le monde de Dieu. Dieu n'est pas responsable des problèmes créés par l'obscurité qu'engendre l'ignorance.

N'y a-t-il donc aucune issue à notre détresse ? Certes, il y en a une, dit Amma. Il existe une solution à tous nos problèmes.

Du point de vue de Dieu, ces souffrances ne sont pas réelles. Mais du nôtre, elles semblent réelles. C'est cette illusion qui est à la racine de tous nos chagrins. Pour nous, la souffrance et la douleur sont des expériences bien réelles. C'est pourquoi Dieu doit descendre au niveau des humains sous la forme d'un *guru*. Cependant, les incarnations divines peuvent rester sur le plan divin tout en évoluant au milieu du commun des mortels. Pour cela, elles doivent dissimuler leur gloire et adopter l'attitude (*bhava*) d'une personne ordinaire.

Imaginons que le monde de Dieu et le monde des humains soient séparés par un mur : le *guru* serait la porte de communication entre les deux mondes. En d'autres termes, il a un pied dans chaque monde et il connaît les secrets de chacun d'eux. Le *guru* est à même de comprendre l'univers douloureux d'une personne ordinaire aussi bien que la béatitude de l'expérience divine. Il attend de nous révéler le secret de la libération du *samsara* et de nous rappeler les potentialités infinies de la vie humaine. Il fait goûter l'ivresse de l'amour divin à des multitudes de fidèles. Il se peut que nous priions déjà Dieu mais nous ne pouvons être sûrs qu'il ait entendu nos prières. Tandis qu'Amma, elle, a exaucé nos prières et est descendue parmi nous sous une forme visible : elle incarne l'amour, la compassion et le sacrifice de soi, elle manifeste toutes les qualités du divin. Son rayonnement redonne espoir à des millions d'humains.

Bien que Dieu soit toujours avec nous, nous ne pouvons le percevoir avec nos organes des sens. Pour faire l'expérience de sa présence, il faut transcender le monde des sens. Ce qui est loin d'être facile pour les personnes ordinaires. C'est pourquoi Dieu s'est manifesté sous un aspect perceptible par les cinq sens. Tout au long de sa vie, une incarnation divine montre aux humains comment se libérer des souffrances de l'existence. Amma fait de même. Les mahatmas ont déjà atteint *purnata* (la plénitude), ils n'ont besoin de rien. Cependant, nous les voyons travailler sans relâche. Amma, elle aussi, travaille sans cesse pour servir d'exemple à l'humanité, pour nous apprendre la valeur du temps, pour nous faire prendre conscience qu'on peut accomplir de grandes tâches pendant la courte durée de la vie. A travers ces tâches, elle nous prépare à la réalisation de Dieu. Alors que toutes nos actions sont le reflet de nos attentes et sont perverties par notre égoïsme, celles d'Amma resplendissent de la beauté du désintéressement. Elles ont la majesté du détachement.

Amma écoute patiemment nos problèmes et nous dit comment les régler. Mais elle s'efforce aussi de nous montrer la solution définitive à tous les problèmes au travers de conseils spirituels. Si nous rêvons que nous sommes malades, nous allons à l'hôpital de nos rêves. Le docteur de nos rêves va nous donner des médicaments et guérir la maladie de nos rêves. De même, si nous rêvons que nous avons été cambriolés, nous allons porter plainte au poste de police de nos rêves. Quand les policiers de nos rêves auront retrouvé les objets dérobés, ils nous les rendront et nous serons soulagés. La situation des milliers de gens qui viennent voir Amma est analogue. Amma apporte un soulagement provisoire à leurs souffrances en résolvant leurs problèmes. Tel malade guérit, tel demandeur d'emploi trouve du travail. Certains réussissent à se marier, d'autres voient leur situation financière s'arranger.

Grâce au pouvoir du *sankalpa* d'Amma, nos petits problèmes sont résolus. Mais de nombreux autres nous attendent car telle est la nature du monde. Les solutions que nous leur trouvons ne sont que provisoires. Quand nous nous en rendrons compte, nous nous en remettrons au *guru* et nous réfugierons à ses pieds pour connaître une paix permanente. Le *guru* brise tous nos désirs. Certaines choses nous attirent, mais dès qu'elles sont à notre portée, elles perdent tout attrait ! Un jour, un homme entend des instruments de musique jouer une mélodie. Captivé, il se dirige vers la source des sons. La musique vient de loin. Comme c'est beau, se dit-il ! En se rapprochant, il s'arrête pour écouter attentivement : le son provient de plusieurs gros tambours. Les percussionnistes battent leurs tambours tous ensemble avec de lourds bâtons. Et une fois arrivé près d'eux, il trouve ce grondement assourdissant ! Cela n'a plus rien à voir avec le son mélodieux qu'il avait entendu de loin. Son enthousiasme retombe immédiatement et notre homme s'enfuit à toutes jambes !

L'expérience prouve que beaucoup de choses matérielles qui peuvent nous paraître attirantes aujourd'hui, demain nous déplairont. Peut-être un jour soupirerons-nous en pensant à tout ce pour quoi nous avons gâché notre vie. C'est pour cette raison qu'Amma dit : « Mes enfants, nous devons tirer une leçon de chacune de nos expériences et corriger nos erreurs. Il ne faut pas rester par terre à pleurer quand on est tombé, il faut essayer de se relever. »

Amma nous invite à prendre notre essor vers les hauteurs de la spiritualité et à considérer tout échec comme un préalable au succès. Avec le soutien d'Amma, le succès est assuré. Nous sommes tout à fait capables d'entrer dans le royaume du Soi au-delà du corps, du mental et de l'intellect et d'accéder à la plénitude. Il serait stupide de vouloir rester toute la vie dans un berceau de bébé. Le père et la mère veulent que leur enfant grandisse, qu'il étudie et qu'il s'épanouisse dans la vie. Dieu aussi attend certaines choses de nous.

Mère Nature attend l'heureux jour où chacun de nous atteindra la Plénitude. Il est possible de trouver le chemin qui mène à la paix éternelle si nous devenons aptes à recevoir la grâce infinie du *guru*.

Amma dit qu'il n'y a qu'un remède à tous nos malheurs, c'est l'éveil ! Il faut sortir de notre sommeil ! « Éveillez-vous, mes enfants ! » Tel est son conseil. Il n'y a pas lieu d'avoir peur des cauchemars car ils n'affectent pas celui qui est éveillé. Mais il est nécessaire d'avoir dans les parages quelqu'un qui ne dort pas pour qu'il puisse réveiller ceux qui geignent dans leur cauchemar. C'est le rôle du *guru*. Le monde entier a sombré dans le sommeil de l'illusion. Le *guru* essaie de réveiller chacun de nous. Mais aujourd'hui encore, le monde ridiculise et persécute les mahatmas qui ne font pourtant que le bien. Sans que cela l'affecte, ce véritable Gange d'amour, cette incarnation même du sacrifice de soi continue d'aller au devant de tous.

Glossaire

Abhishekam : Toilette rituelle d'une divinité généralement accomplie dans un temple.

Adi Shankaracharya : Saint qui vécut vers le cinquième siècle avant Jésus-Christ. Il est vénéré comme *guru* et comme le créateur de l'Advaïta (philosophie non dualiste) qui affirme que la création et le créateur sont ultimement uns.

Acchan : Papa en malayalam. "Accha" au vocatif.

Ambadi : Lieu où grandit Krishna.

Amma(chi) : Maman en malayalam.

Annapurneshvari : Déesse nourricière qui rassasie ses fidèles.

Antaryami: Celle qui réside à l'intérieur de tous les êtres.

Archana : Récitation psalmodiée des différents noms de Dieu.

Ashram : Monastère. Amma le définit comme l'association de deux mots: "a" et "shramam" signifiant "cet effort" (pour aboutir à la réalisation du Soi).

Atma : Le Soi ou l'Âme.

Avadhuta : Personne éveillée au comportement excentrique et marginal.

Avadhuta Gita : Compilation des conseils donnés par le sage Dattatreya au roi Yadu. Composée de huit chapitres.

Bhagavad Gita : Littéralement : "Le chant du Seigneur". Recueil de versets divisés en 18 chapitres. C'est l'enseignement de Krishna dispensé à Arjuna sur le champ de bataille de Kurukshetra la veille de l'affrontement entre les Pandavas, champions du *dharma*, et les fourbes Kauravas. C'est un guide pratique pour gérer les crises personnelles ou sociales qui contient l'essence de la sagesse védique.

Bhajan : Chant dévotionnel ou hymne de louange adressé à Dieu.

Bhava : Humeur ou attitude divine.

Bhakti : Dévotion.

Brahma : Le dieu de la Création dans la trinité hindoue.

Brahmani : La Vérité ultime, sans attribut. Le substrat omniscient, tout puissant et omniprésent de l'univers.

Brahmachari : Homme célibataire qui pratique une discipline spirituelle sous la conduite d'un *guru*. *Brahmacharini* est l'équivalent féminin.

Brahmane : Membre de la caste des prêtres.

Circumambulation : Rituel destiné à honorer un objet sacré (un autel ou une statue) en tournant autour de lui.

Dakshina : Offrande que le disciple donne au *guru* en témoignage de sa reconnaissance.

Darshan : Rencontre avec une personne sainte ou vision divine.

Divinité : Dieu ou déesse du panthéon hindou. Les hindous croient en l'existence de 330 millions de divinités. On peut interpréter celles-ci comme étant l'infinité de formes que peut prendre le Dieu unique et indivisible.

Devi : Déesse. La Mère divine.

Devi Bhava : Le divin manifesté sous l'aspect de Devi. Etat dans lequel Amma manifeste son unité avec la Mère Divine.

Dharma : Littéralement « ce qui maintient la création ». Généralement utilisé dans le sens d'harmonie de l'univers. Code de conduite juste. Devoir sacré. Loi éternelle.

Durga : Une des formes de la Déesse.

Ganapati : Voir Ganesh.

Ganesh(a) *:* Autre nom de Ganapati, le dieu à tête d'éléphant, fils du dieu Shiva. C'est le dieu qui lève les obstacles.

Gopi *:* Les laitières de Vrindavan. Les *gopis* étaient connues pour leur dévotion fervente envers Krishna. Elles sont l'illustration de l'amour suprême de Dieu.

Guna *:* L'une des trois qualités de la nature : *satva*, *rajas* et *tamas*. Les êtres humains expriment une combinaison de ces qualités. Les qualités *satviques* sont celles du calme et de la sagesse, *rajas* se réfère à l'activité et l'excitation et *tamas* à la tristesse ou l'apathie.

Guru *:* Maître spirituel.

Gurukula *:* Littéralement : « le clan du précepteur ». Ecole traditionnelle où les élèves habitaient avec leur *guru* pendant toute la durée de leurs études, soit une douzaine d'années. Le *guru* leur donnait un savoir scolaire tout en les initiant aux valeurs spirituelles.

Hatha Yoga : Branche du yoga qui utilise des exercices physiques pour harmoniser le corps, le mental et l'âme.

Ilanji *:* Arbre à fleur (Mimusop's Elengi).

Ishta devata : Divinité préférée.

Jagadambika *:* Mère de l'Univers.

Jagadishvari *:* Déesse de l'Univers.

Jaganmata *:* Mère de l'Univers.

Japa *:* Répétition d'un mantra.

Jivatma *:* Soi individuel ou âme.

Jnana *:* Connaissance de la Vérité.

Jnani *:* Connaisseur de la Vérité.

Kalamezhuttu *:* Dessins décoratifs, représentant des divinités, exécutés sur le sol avec des poudres colorées. Les chants *kalamezhuttu* sont des hymnes en l'honneur de ces divinités.

Kalari : Nom habituellement réservé aux temples qui ne renferment pas d'idole. Ici, il s'agit du temple ancestral de la famille d'Amma dans lequel elle donnait le *darshan*, y compris le Krishna Bhava et le Devi Bhava.

Karma : Action consciente. Egalement le lien de cause à effet qui relie les actes et leur résultat.

Kartika : Nom de la troisième constellation d'étoiles, les Pléiades.

Lampe de Kartika : Lampe allumée le jour de Kartika.

Kauravas : Les cent enfants du roi Dhritarashtra et de la reine Gandhari, dont l'aîné est le fourbe Duryodhana. Les Kauravas étaient les ennemis des vertueux Pandavas, leurs cousins. Ils les ont combattus lors de la guerre du Mahabharata.

Kavadi : Bâton courbé et décoré que portent les fidèles du dieu Muruga pendant Taipuyam.

Krishna : Principale incarnation du dieu Vishnou. Né dans une famille royale, il fut élevé par des parents adoptifs et mena la vie d'un berger. Il était vénéré par ses compagnes (les gopis) et ses compagnons (les gopas). Il s'établit ensuite dans la cité de Dvaraka. Il était l'ami et le conseiller de ses cousins (les Pandavas), et plus particulièrement d'Arjuna dont il fut le conducteur de char pendant la guerre du Mahabharata. Il lui donna un enseignement qui est compilé dans la Bhagavad Gita.

Krishna Bhava : « La manifestation divine de Krishna ». Etat dans lequel Amma révélait son unité et son identité avec le dieu Krishna.

Kunju : « Petite fille ». Certains dévots appelaient Amma « Kunju » ou « Ammachi-kunju ».

Kundalini Shakti : Energie spirituelle, représentée sous la forme d'un serpent lové dans le *muladhara chakra*, un centre psychique d'énergie spirituelle situé à la base de la colonne vertébrale près du coccyx. Lors de l'éveil spirituel, le serpent de l'énergie spirituelle monte le long de la colonne vertébrale et aboutit au *sahasrara chakra* ou chakra couronne, décrit comme le lotus aux mille pétales. C'est alors qu'on atteint l'éveil spirituel.

Lalita Sahasranama : Récitation des 1008 noms de Sri Lalita Devi, une forme de la Déesse.

Lakh : 100 000.

Lila(s) : Jeu divin.

Madan : Demi-dieu de la famille des démons.

Maha : Préfixe qui amplifie. Par exemple un *mahajnani* est un grand, ou illustre, connaisseur de Vérité.

Mahabali : Voir Onam.

Mahabharata : Epopée indienne, composée par le sage Vyasa. Elle décrit la guerre qui a opposé les vertueux Pandavas aux fourbes Kauravas.

Mahatma : Littéralement « grande âme ». Nom donné à ceux qui ont atteint la réalisation spirituelle suprême.

Malayalam : Langue parlée dans l'état indien du Kerala.

Malayali : Personne dont la langue maternelle est le malayalam.

Manasa puja : Rituel effectué mentalement.

Math : Monastère hindou.

Maya : Illusion cosmique, personnifiée sous l'aspect d'une tentatrice.

Minakshi : Une autre forme de la Déesse. Elle est vénérée dans un temple à Madurai, d'où le surnom Madurai Minakshi.

Moksha : La libération spirituelle.

Mol : « Fille » en malayalam.

Mon : « Fils » en malayalam.

Mudra : Geste des doigts et des mains qui possède une signification mystique.

Muladhara chakra : Voir Kundalini Shakti.

Mundu : Morceau de tissu que les hommes portent autour de la taille et qui couvre le bas du corps.

Muruga : Fils du dieu Shiva. Son véhicule divin est le paon. On l'appelle aussi Subrahmanya.

Naga : Serpent. Les temples Naga vénèrent des dieux serpents. Les hindous considèrent que tous les êtres sont des incarnations du divin.

Om : Le son primordial de l'univers. La graine de la création.

Onam : Fête des Moissons du Kerala. C'est l'un des festivals les plus populaires. Il dure dix jours. Il tire son origine de la légende de Mahabali et de sa rencontre avec Vamana. Mahabali était un roi juste et bon, chéri par ses tous sujets. Son seul défaut était la vanité qu'il retirait de sa générosité. Un jour qu'il distribuait des dons, un jeune brahmane s'est présenté. Il voulait un lopin de terre pas plus grand que trois de ses pas. En voyant la petite taille du jeune garçon, Mahabali a acquiescé avec condescendance. Mais Vanamali n'était autre que Vishnou et il s'est mis à grandir. D'un pas, il a couvert la terre, du deuxième le reste de l'univers. N'ayant rien d'autre à offrir, Mahabali lui a présenté sa tête pour que le Seigneur puisse poser le pied pour la troisième fois. Ce geste symbolise l'abandon de l'ego. Le dieu Vishnou l'a exilé dans les mondes inférieurs et est devenu le garde de sa demeure. On dit que le roi Mahabali revient tous les ans à l'époque d'Onam pour voir si ses sujets vont bien.

Pada puja : Cérémonie où l'on honore les pieds d'une personne, habituellement d'un *guru*.

Panchabhuta : Les cinq éléments qui constituent la création. Ce sont *akasha* (l'éther), *vayu* (l'air), *agni* (le feu), *jalam* (l'eau) et *prthvi* (la terre).

Panchamritam : Entremets sucré constitué de cinq ingrédients

Pandavas : Les cinq fils du roi Pandu qui sont les héros du Mahabharata.

Pappadam : Fine galette craquante faite de farine de lentilles noires.

Paramahamsa : Saint réalisé.

Parameshvara : Littéralement « Dieu Suprême ». Qualificatif de Shiva.

Parashakti : Energie suprême, représentée comme la Déesse ou l'Impératrice de l'Univers.

Parvati : L'épouse du dieu Shiva.

Payasam : Entremets sucré.

Prana Shakti : La force vitale.

Pranava : La syllabe mystique Om.

Prarabdha : Les fruits des actions commises dans des vies antérieures que l'on est destiné à vivre dans cette vie-ci.

Prasad : Offrande consacrée, constituée en général de nourriture.

Puja : Cérémonie rituelle.

Purnam/Purnata : Plénitude spirituelle.

Purvashram : Littéralement « ashram précédent ». Les personnes qui embrassent la voie monastique coupent tous les liens avec leur vie précédente. Ils donnent à la maison où vivent les membres de leur famille biologique le nom de *purvashram*. *Purvashram mère* signifie mère biologique en opposition à mère spirituelle.

Rajas : Voir *Guna*.

Ramana Maharshi : Maître spirituel éveillé (1879-1950) qui vécut à Tiruvanamalai dans le Tamil Nadu. Il conseillait le questionnement intérieur comme voie spirituelle tout en approuvant d'autres types de pratique spirituelle.

Rishi : Sage réalisé. Visionnaires qui percevaient des mantras en méditation.

Sadhana : Pratique spirituelle.

Sadhak : Aspirant spirituel.

Sahasrara chakra : Voir *Kundalini shakti*.

Samadhi : Littéralement « cessation de toute activité mentale ». Union avec Dieu. Etat transcendant dans lequel on perd toute notion d'identité individuelle.

Sankalpa : Résolution. Terme qui s'utilise généralement à propos de mahatmas.

Samsara : Cycle de la naissance et de la mort.

Sanatana Dharma : Littéralement « Religion Eternelle ». Le nom originel de l'hindouisme.

Sannyasi : Moine qui a fait voeu de renoncement (*sannyas*). Il porte le vêtement ocre traditionnel, symbole du renoncement au désir.

Satguru : Littéralement « Maître Véritable ». Être qui vit dans la béatitude du Soi mais qui choisit de vivre parmi les gens ordinaires pour les faire grandir spirituellement.

Satva : Voir *Guna*.

Satya Yuga : Voir *Yuga*.

Seva : Service désintéressé.

Sevak : personne qui s'investit dans le *seva*. Bénévole.

Shiva : Dieu de la destruction dans la trinité hindoue.

Svapna darshan : Visitation divine au cours d'un rêve.

Taipuyam : Jour de *puyam* (*pushyam*) le huitième astéroïde lunaire du mois de Tai (mi-janvier à mi-février). Ce jour est traditionnellement consacré au dieu Muruga. Des fidèles portent un *kavadi* orné en plumes de paon pour honorer Muruga. Beaucoup d'entre eux dansent. Certains se transpercent le corps avec des pics ou des tridents. D'autres effectuent une marche rituelle sur un lit de braises rouges.

Tamas : Voir **Guna**.

Tapas : Pratique de l'ascèse dans un but spirituel.

Tejas : Rayonnement spirituel.

Tirtham : Eau bénite.

Trikala jnani : Etre éveillé qui connaît tout le passé, le présent et l'avenir.

Tulasi : Basilic sacré (Ocinum Sanctum).

Upanishad : Partie des Védas qui s'intéresse à la philosophie du non dualisme.

Upavasa : Littéralement « Vivre à côté ». Signifie habituellement « jeûne ».

Vallickavu : Lieu où est situé l'ashram d'Amritapuri. On appelle parfois Amma « l'Amma de Vallickavu ».

Vaikuntha : Demeure du dieu Vishnou. Signifie parfois « paradis ».

Vasana : Tendances latentes ou désirs subtils qui s'expriment sous forme d'actions ou d'habitudes.

Vastu Shastra : Science indienne qui étudie le positionnement des objets et explique comment drainer l'énergie positive et comment évacuer l'énergie négative.

Vedas : Les plus anciennes de toutes les Ecritures. Elles n'ont pas été écrites mais révélées aux *rishis* au cours de leurs méditations. Les mantras qui composent les Vedas existent depuis toujours dans la nature sous forme de vibrations subtiles que les sages étaient capables de percevoir.

Vina : Traditionnel instrument de musique à cordes.

Vishnou : Dieu de la préservation dans la trinité hindoue.

Vricshika : Quatrième mois du calendrier malayali.

Yajna : Sacrifice dans le sens d'offrande rituelle.

Yakshi : Demi-déesse.

Yama : Dieu de la Mort.

Yoga/yogi : Yoga signifie « union avec l'être suprême ». Le yogi est un être qui a réalisé cette union ou quelqu'un qui suit la voie qui mène à cet état transcendant.

Yoga Vashishta : Compilation des enseignements du sage Vashistha, le *guru* du dieu Rama, l'une des incarnations de Vishnou. Texte ancien qui enseigne le non dualisme sous forme d'histoires.

Yuga : Epoque ou ère. Suivant la cosmologie hindoue, l'existence de l'univers depuis sa création jusqu'à sa dissolution est divisée en quatre ères. La première, Satya Yuga, est une période où règne dans la société le *dharma* et la vérité. Les suivantes voient le déclin progressif du *dharma*. Le deuxième yuga s'appelle Treta Yuga, le troisième Dvapara Yuga et le quatrième, celui que nous vivons, Kali Yuga.

www.ingramcontent.com/pod-product-compliance
Lightning Source LLC
LaVergne TN
LVHW051548080426
835510LV00020B/2910